O Caminho do Meio
Fé baseada na razão

Sua Santidade o Dalai Lama

O Caminho do Meio
Fé baseada na razão

Tradução
Lúcia Brito

The Middle Way: Faith Grounded in Reason
© 2009, Tenzin Gyatso, the Fourteenth Dalai Lama
© 2009 English translation and introduction Thupten Jinpa
Originalmente publicado por Wisdom Publications, Inc.
1ª Edição, Editora Gaia, São Paulo 2011
2ª Reimpressão, 2021

Jefferson L. Alves – diretor editorial
Richard A. Alves – diretor-geral
Flávio Samuel – gerente de produção
Arlete Zebber – coordenadora editorial
Lúcia Brito – tradução
Luciana Chagas – preparação
Tatiana Y. Tanaka e Guilherme Summa – revisão
Doane Gregory/Sygma/Corbis/Latinstock – foto de capa
Reverson R. Diniz – capa e projeto gráfico

Obra atualizada conforme o
NOVO ACORDO ORTOGRÁFICO DA LÍNGUA PORTUGUESA.

Na Editora Gaia, publicamos livros que refletem nossas ideias e valores: Desenvolvimento humano / Educação e Meio Ambiente / Esporte / Aventura / Fotografia / Gastronomia / Saúde / Alimentação e Literatura infantil.

Dados Internacionais de Catalogação na Publicação (CIP)
(Câmara Brasileira do Livro, SP, Brasil)

Tenzin Gyatso, Dalai-Lama XIV, 1935-
    O Caminho do Meio : fé baseada na razão / Sua Santidade o Dalai Lama ; edição baseada em tradução de Thupten Jinpa para o inglês ; tradução Lúcia Brito. – São Paulo : Gaia, 2011.

    Título original: The Middle Way : Faith Grounded in Reason
    ISBN 978-85-7555-274-2

    1. Budismo – Tibete – Doutrinas 2. Mahayana (Budismo) I. Título.

11-09618   CDD-294.342042

Índice para catálogo sistemático:

1. Fé baseada na razão : Budismo tibetano : Religião   294.342042

Direitos Reservados

editora gaia ltda.
Rua Pirapitingui, 111-A — Liberdade
CEP 01508-020 — São Paulo — SP
Tel.: (11) 3277-7999
e-mail: gaia@editoragaia.com.br

 globaleditora.com.br   /editora_gaia
 blog.globaleditora.com.br   /editoragaia
/editoragaia

Colabore com a produção científica e cultural.
Proibida a reprodução total ou parcial desta obra sem a autorização do editor.

Nº de Catálogo: **3269**

O Caminho do Meio

Fé baseada na razão

Sumário

Prefácio de Thupten Jinpa	9
Prólogo	13

Parte I: Uma investigação das *Estrofes fundamentais sobre o Caminho de Meio,* de Nagarjuna — 21

1. Abordando o profundo	23
2. Os doze elos da originação dependente	37
3. A análise do eu e do não eu	67
4. Estabelecendo a verdade convencional	89

Parte II: Uma investigação dos *Três aspectos principais do Caminho,* de Tsongkhapa — 109

5. Praticando o profundo — 111

Apêndice 1: *Três aspectos principais do Caminho* — 135

Apêndice 2: *Louvor a dezessete mestres de Nalanda* — 141

Bibliografia	149
Notas	153
Índice remissivo	159

Prefácio de Thupten Jinpa*

Este livro, baseado em uma série de importantes ensinamentos budistas que Sua Santidade o Dalai Lama proferiu em Toronto em 2004, apresenta uma ampla explanação dos preceitos fundamentais do budismo Mahayana, tal como são entendidos na tradição tibetana. O conteúdo desta obra está dividido em duas grandes seções: a primeira apresenta o caminho budista para a iluminação, com base em uma explanação dos três capítulos-chave das *Estrofes fundamentais sobre o Caminho do Meio (Mulamadhyamakakarika),* de Nagarjuna, professor indiano do século II; a segunda apresenta a maneira de se colocar em prática o entendimento dos elementos-chave do caminho budista. Essa segunda seção apoia-se nos *Três aspectos principais do Caminho*, uma lúcida obra em versos originalmente escrita como carta de instrução de Jé Tsongkhapa (1357-1419) a um aluno de uma terra distante. Esses dois importantes textos clássicos estão separados por quase um milênio e meio; todavia, complementam-se perfeitamente. O fato de ambos falarem de modo tão penetrante até mesmo a um aspirante espiritual no começo deste terceiro milênio demonstra a universalidade e atemporalidade das percepções que incorporam.

Como em numerosas ocasiões no passado, tive a honra de ser o tradutor do Dalai Lama quando esses ensinamentos foram proferidos. Desde o primeiro dia, reparei em algo singular nessa série específica de preceitos. De maneira distinta de muitas outras ocasiões, Sua Santidade avançou pelos textos em um estilo particularmente sistemático. Ele fez isso em parte para comprovar sua declaração muitas vezes repetida de que o budismo tibetano é uma continuação direta da linhagem esco-

---
* Thupten Jinpa traduziu o original para o inglês. Esta edição foi baseada em sua tradução.

lástica do Mosteiro de Nalanda, da tradição budista indiana. Antes de o budismo desaparecer da Índia central, Nalanda foi o mais importante mosteiro budista da região, florescendo desde o começo da Era Cristã até o final do século XII. O Dalai Lama deu início à sua apresentação em Toronto citando um texto que ele mesmo compôs em honra dos mestres supremos de Nalanda, cujas doutrinas jazem no coração da tradição budista tibetana (a íntegra do texto é apresentada no apêndice 2 deste livro):

> Hoje, numa época em que a ciência e a tecnologia chegaram a um estágio avançadíssimo, estamos incessantemente preocupados com assuntos mundanos. Em tempos assim, é crucial que aqueles que seguem o Buda adquiram fé em seu ensinamento com base na compreensão genuína. É com uma mente objetiva dotada de ceticismo curioso que devemos nos engajar na análise cuidadosa e buscar os motivos [por trás de nossas crenças]. Então, tendo percebido os motivos, geramos uma fé acompanhada de sabedoria.

Um aspecto central daquilo que o Dalai Lama chama de "tradição de Nalanda" é a ênfase na abordagem do Buddhadharma não apenas por meio de fé e devoção, mas também de indagação crítica. Essa abordagem, conhecida como o "caminho da pessoa inteligente", é ressaltada nas obras de vários mestres de Nalanda. A fé no Buda e em seu ensinamento (o Dharma) assim gerada é inabalável e do tipo mais elevado. Então, como procedemos para desenvolver essa fé persistente? O Dalai Lama escreveu:

> Pelo entendimento das duas verdades, a natureza da base,
> vou averiguar como, através das quatro verdades nobres, entramos
>   e saímos do samsara;
> Consolidarei a fé nas Três Joias, nascida do conhecimento.
> Possa eu ser abençoado de modo que a raiz do caminho da
>   liberação seja firmemente estabelecida em mim.

Em certo sentido, esse trecho do *Louvor a dezessete mestres de Nalanda,* do Dalai Lama, fornece a estrutura da primeira parte deste livro, ou seja, a explicação dos elementos-chave do caminho budista a partir de um comentário sobre as *Estrofes fundamentais sobre o Caminho do Meio,* de Nagarjuna. Primeiro, o Dalai Lama comenta o 26º capítulo das *Estrofes*, no qual Nagarjuna trata dos doze elos da originação dependente e apresenta em detalhes a compreensão budista dos processos causais que nos prendem ao ciclo da existência. Na raiz desse ciclo dos doze elos está a ignorância fundamental, que se agarra à realidade inerente ao nosso próprio eu e ao mundo à nossa volta.

Segue-se uma reflexão sobre o capítulo 18, que aborda a interpretação de Nagarjuna a respeito do ensinamento do Buda sobre o "não eu" (*anatman*), a ausência de eu não apenas da pessoa mas também de seus cinco componentes psicofísicos. É esse capítulo que apresenta a doutrina da vacuidade, que, de acordo com Nagarjuna, constitui o modo absoluto de ser de todas as coisas. A vacuidade, para usar as palavras do próprio Nagarjuna, é *tathata* ("talidade"), *paramartha* ("a verdade absoluta") e *dharmata* ("a própria realidade").

Por fim, em seu comentário sobre o capítulo 24 de Nagarjuna, o Dalai Lama explica por que o ensinamento desse mestre sobre a vacuidade não é uma forma de niilismo, mas, de fato, consiste no entendimento da realidade que nos permite avaliá-la em seu aspecto convencional. Apenas essa noção de vacuidade torna as operações de causa e efeito sustentáveis. Sua Santidade esclarece de que forma o sistema de Nagarjuna entrelaça, de modo inseparável, vacuidade (verdade absoluta) e originação dependente (verdade relativa).

Mesclando exposição lúcida e análise penetrante, e incorporando *insights* de comentaristas abalizados como Aryadeva (c. século II), Chandrakirti (século VII) e Tsongkhapa (que escreveu no começo do século XV), o Dalai Lama permite que os versos do texto de Nagarjuna revelem sua profunda percepção da natureza da existência. Do início ao fim, o Dalai Lama jamais desconsidera que, em última análise, os ensinamentos sobre vacuidade devem estar relacionados à nossa existência pessoal e gerar maior entendimento sobre o mundo ao nosso redor. Conforme coloca Nagarjuna, o propósito da lição sobre a vacuidade é propiciar a fixação na existência inerente tanto do próprio eu quanto de todos os fenômenos, de modo que obtenhamos liberdade genuína.

A segunda parte deste livro apresenta os métodos para se pôr em prática o entendimento do caminho budista. Nessa seção, Sua Santidade oferece uma linda explanação dos tão conhecidos *Três aspectos principais do Caminho,* de Tsongkhapa, a saber: a renúncia verdadeira, a mente altruísta do despertar e a visão correta da vacuidade. Uma vez cultivada uma compreensão confiável sobre o caminho budista pautado na reflexão crítica dos ensinamentos sobre a vacuidade, as quatro verdades nobres e os doze elos da originação dependente, pode-se então usar a segunda seção do livro como um manual para meditação diária.

Ao editar a transcrição para elaborar este livro, gostei muito de me deparar mais uma vez com essa série singular de ensinamentos. Muitas pessoas ajudaram a tornar esta obra possível. Em primeiro lugar, sou profundamente grato a Sua Santidade por ser sempre uma fonte de sabedoria e compaixão budistas. Agradeço à Associação Canadense Tibetana de Ontário, em especial a seu presidente, Norbu Tsering, por organizar a iniciação de Kalachakra de 2004, ocasião em que foram proferidas as lições de Sua Santidade apresentadas neste livro. Também sou grato a Lyna de Julio e Linda Merle pela ajuda na transcrição de trechos dos ensinamentos; e ao Venerável Lhakdor e à sua equipe de Dharamsala, dos Arquivos Centrais de Sua Santidade o Dalai Lama, por me fornecerem uma cópia em língua tibetana do discurso de Sua Santidade, texto que se mostrou enormemente útil na revisão e edição de minha própria tradução oral para o inglês. Finalmente, agradeço ao meu editor na Wisdom Publications, David Kittelstrom, por seu inestimável auxílio em tornar a linguagem deste livro clara e legível. Possam os nossos esforços contribuir para fazer da sabedoria do grande mestre budista Nagarjuna, por meio das palavras inspiradoras de Sua Santidade o Dalai Lama, uma fonte de *insight* e inspiração para muitos seguidores do caminho do despertar.

Thupten Jinpa
Montreal, 2009

Prólogo

O poder da compaixão

Há muitos séculos, os humanos perceberam a importância de se utilizar o intelecto. Disso desenvolveu-se a escrita e, por fim, a educação formal. Hoje em dia, é clichê dizer que a educação é vital, mas é importante nos lembramos de seu propósito maior. Afinal de contas, o que há de bom em acumular conhecimento se isso não leva a uma vida mais feliz?

Todos nós deparamos com pessoas que receberam uma educação excelente e, contudo, não são muito felizes. A educação pode ter-lhes trazido maior poder de pensamento crítico e maiores expectativas, mas elas têm dificuldade em efetivar todas essas expectativas, o que as leva à ansiedade e à frustração. É claro que a educação por si só não garante uma vida mais feliz. Penso na educação como um instrumento, algo que podemos usar para fins construtivos ou destrutivos.

Pode-se pensar que a meta da educação é simplesmente ampliar a capacidade de alguém incrementar suas riquezas, posses ou poder. Mas, assim como o mero conhecimento em si e por si só não é suficiente para nos fazer felizes, as coisas materiais ou o poder, se avulsos, também não podem sobrepujar a preocupação e a frustração. Deve haver algum outro fator em nossa mente que crie as bases para uma vida feliz, algo que nos permita lidar de forma efetiva com as dificuldades da vida.

Eu geralmente me descrevo como um simples monge budista, e minha educação formal não foi lá muito extensa. Sei alguma coisa sobre filosofia e textos budistas, mas fui um aluno bastante preguiçoso durante meus primeiros anos de estudo, de modo que meu conhecimento, mesmo nesse campo, é limitado. E ainda por cima não aprendi quase nada de assuntos como matemática, história mundial ou geografia. Além disso, levei uma vida bastante boa quando jovem. Os Dalai Lamas não eram milionários, mas minha vida era confortável. Porém, quando os chineses invadiram minha terra natal e tive que fugir de lá, eu possuía apenas alguns conhecimentos limitados dos ensinamentos budistas e pouca experiência em lidar com problemas. De repente, um grande fardo e responsabilidade foram jogados sobre mim, e o pouco treinamento que eu recebera foi colocado à prova. Durante aqueles anos, minha amiga mais confiável era minha compaixão interior.

A compaixão traz força para dentro de nós, e também traz verdade. Com a verdade, não se tem nada a esconder e não se depende das opiniões dos outros. Isso traz autoconfiança, com a qual podemos lidar com qualquer problema sem perder a esperança ou a determinação. Baseado em minhas experiências, posso dizer que, quando a vida fica difícil e somos confrontados por uma hoste de problemas, se mantivermos a determinação e seguirmos em nossos esforços, os obstáculos ou problemas tornam-se realmente muito proveitosos, pois ampliam e aprofundam nossa experiência. Assim, penso que a compaixão é a coisa mais preciosa que há.

O que é a compaixão? Ela envolve um sentimento de proximidade com os outros, um respeito e uma afeição que não se baseiam na atitude das outras pessoas em relação a nós. Temos a tendência de sentir afeição por quem nos é importante. Esse tipo de sentimento de proximidade não se estende a nossos inimigos — aqueles que pensam mal de nós. A compaixão genuína, por outro lado, vê que os outros, assim como nós, desejam uma vida feliz e bem-sucedida e não querem sofrer. Esse tipo de sentimento e preocupação pode ser estendido igualmente a amigos e inimigos, independentemente dos sentimentos que nutrem por nós. Isso é compaixão genuína.

O amor comum é tendencioso e misturado ao apego. Como outras emoções aflitivas, o apego se baseia não só na realidade, mas na projeção mental. Ele exagera a realidade. De fato, pode haver algo de bom ali, mas o apego vê aquilo como 100% bom ou bonito. A compaixão chega bem mais perto da realidade. Há uma enorme diferença.

A grande questão é se podemos cultivar essa compaixão. Pautado em minha própria experiência, a resposta é sim. É possível porque todos nós possuímos a semente da compaixão como a própria natureza de nossa existência humana. Ademais, nossa própria sobrevivência como seres humanos, em especial nos primeiros anos de vida, depende pesadamente da afeição e da compaixão dos outros. Sobrevivemos até agora apenas porque, no começo de nossa vida, nossa mãe — ou outra pessoa, claro — cuidou de nós. Se ela tivesse sido negligente, mesmo que por um ou dois dias, teríamos morrido. Como seres humanos, usando nossa inteligência, podemos estender esse senso de cuidado por toda a nossa vida.

Hoje em dia, a necessidade de cultivar e intensificar sistematicamente essa capacidade natural é mais urgente do que nunca. Nos tempos atuais, em virtude da população, da tecnologia e da economia modernas, o mundo se mostra profundamente interconectado e está ficando muito menor. A despeito de diferenças políticas, ideológicas e, em alguns casos, religiosas, as pessoas ao redor do mundo têm que trabalhar e viver juntas. A realidade é essa. Assim, o papel da compaixão em nível internacional é vital.

Todos os dias os meios de comunicação trazem notícias sobre derramamento de sangue e terrorismo. Esses eventos não acontecem sem causas ou condições. Penso que alguns dos fatos que enfrentamos hoje têm raízes em ações negligentes nos séculos XVIII, XIX e XX. E, infelizmente, há quem tente de maneira proposital atiçar os impulsos vingativos das pessoas para obter ganho político. Qual é a melhor forma de encarar a violência? Eu argumentaria que não é por meio de mais violência e derramamento de sangue. Problemas enraizados na violência não podem ser resolvidos por meio dela mesma.

Por que é assim? Primeiro, porque a violência é imprevisível por natureza. Você pode começar com uma certa meta de violência "limitada", mas então ela sai de controle. Segundo, a violência fere os outros e, portanto, gera mais ódio na mente das pessoas. Isso por sua vez cria as sementes para problemas futuros. A guerra é como um escoadouro justificado para a violência. Nos tempos antigos, quando os países eram menos dependentes uns dos outros, a destruição de um inimigo podia ser interpretada como vitória de alguém. Mas, hoje em dia, devido à profunda interconexão das nações, a guerra é ineficaz. A destruição de seu inimigo acaba destruindo apenas você mesmo.

Portanto, quando deparamos com conflitos ou interesses opostos, a melhor forma — de fato a única forma efetiva — de resolver é por meio do diálogo. Você deve respeitar os interesses e desejos alheios, e fazer concessões mútuas, porque, se negligenciar a vontade dos outros, no fim você vai sofrer. É preciso considerar as intenções das pessoas.

Com frequência digo às plateias que o século XX foi marcado pela violência, e, tendo experimentado essa situação, hoje sabemos que a violência não consegue resolver problemas. A única forma de resolvê-los é com resolução pacífica. O século XXI, portanto, deveria ser o século do diálogo. Para isso, precisamos de determinação, paciência e uma perspectiva mais ampla. Mais uma vez, a compaixão tem um papel importante nisso. Primeiro, como mencionei, ela nos traz autoconfiança. Também nos traz um profundo reconhecimento dos direitos dos outros. E ela ainda nos proporciona uma mente calma, com a qual podemos ver a realidade com mais clareza. Quando nossa mente está dominada por emoções aflitivas, não conseguimos ver a realidade e tomamos decisões ruins. A compaixão nos propicia uma visão mais holística.

Eu respeito os líderes políticos mundiais, mas às vezes acho que deveriam ter mais compaixão. Se ao menos um desses líderes políticos fosse mais compassivo, milhões de pessoas inocentes teriam mais paz. Há muitos anos, em um evento oficial na Índia, conheci um político do estado indiano de Bengala Oriental. A conferência incluía uma discussão sobre ética e espiritualidade, e ele disse: "Como político, não sei muito a respeito dessas coisas". Ele provavelmente estava apenas sendo modesto, mas eu o repreendi de forma gentil. Políticos precisam de mais ética, mais espiritualidade, eu comentei. Se um praticante religioso, em uma região remota, faz algo nocivo, provavelmente isso não tem muito efeito global. Mas é muito perigoso quando líderes e políticos não são cuidadosos nem compassivos.

Não creio que a compaixão seja um tema religioso. Algumas pessoas pensam que compaixão e perdão se encontram nos domínios da religião, e quem tem uma visão negativa sobre religião pode tornar-se negativo também a respeito dessas coisas. Isso é um erro. Adotar ou não uma religião cabe ao indivíduo, mas, enquanto a humanidade habitar o universo, esses valores profundos serão cruciais e não poderão ser negligenciados. Todo mundo está fazendo todo tipo de esforço em busca de prosperidade material. Tudo bem, mas, se nesse ínterim negligenciarmos nosso mundo interior e nossos valores internos, não seremos felizes. Devemos combinar progresso material com o desenvolvimento de valores humanos internos. Precisamos desenvolver respeito, amor e senso de compaixão a fim de ter vidas mais felizes, famílias mais felizes, comunidades mais felizes e, finalmente, um mundo mais feliz. Precisamos dessas qualidades interiores. Essa deveria ser a meta última da educação hoje em dia.

Sobre este livro

Não acredito que a religião seja necessária para se desenvolver ética e bom coração. Entretanto, ao longo do tempo, as principais religiões do mundo têm desenvolvido muitas ferramentas valiosas para o cultivo dessas virtudes humanas universais. O budismo não é único no que se refere a isso, mas é a visão com que estou mais familiarizado, e também acredito que a tradição budista contenha elementos singulares, em particular seus ensinamentos sobre ausência de eu, ou vacuidade, e sobre a natureza da mente. Assim, parte do meu objetivo neste livro é oferecer um bom entendimento sobre a estrutura geral do budismo.

Apresentarei primeiro uma introdução ao Buddhadharma, e, para fazer isso, selecionei três capítulos das *Estrofes fundamentais sobre o Caminho do Meio*, de Nagarjuna, uma obra filosófica indiana clássica que ao todo contém 27 capítulos. À medida que for explicando a estrutura básica do caminho budista, relacionarei minhas considerações acerca de trechos específicos desses três capítulos. A introdução é seguida de uma explanação sobre como colocar esses ensinamentos em prática, com base em uma breve obra de Jé Tsongkhapa em versos, *Três aspectos principais do Caminho*. Tsongkhapa é o fundador da tradição Geluk do budismo tibetano.

Ao ensinar ou ouvir o Buddhadharma, aqueles que se consideram praticantes budistas precisam fazê-lo com motivação pura. O professor deve se assegurar de que não ensina movido por um desejo de respeito, fama ou gratificação financeira; deve ser motivado essencialmente pelo desejo de bem-estar de todos os seres sencientes. A motivação do ouvinte também não deve ser contaminada por aspirações de alcançar a grandeza de um erudito, alta reputação ou gratificação financeira; ele deve, isso sim, ouvir os ensinamentos com o desejo de voltar a mente para o Dharma, de praticá-lo de forma bem-sucedida, e de fazer dessa prática uma causa para atingir a liberação e a condição onisciente do estado de buda.

Como asseguramos a pureza de nossa motivação ao dar ou ouvir um ensinamento? Uma maneira é recitar preces especiais de aspiração antes de começarmos. Agora, para que um preceito seja budista de verdade, deve firmar-se na prática da busca de refúgio nas Três Joias — o Buda, o Dharma e a comunidade de praticantes verdadeiros. Para que um ensinamento faça parte da tradição Mahayana — o caminho do bodhisattva —, deve estar baseado na geração de *bodhichitta*, a mente altruísta do despertar, que se empenha na iluminação com o objetivo de beneficiar os outros. Para começar, então, recordamos essas duas práticas de buscar refúgio e gerar a mente altruísta do despertar, recitando a seguinte estrofe ou refletindo sobre ela:

> No Buda, no Dharma e na assembleia excelente,
> Busco refúgio até estar iluminado.
> Pelo empenho nas práticas de generosidade e de outras perfeições,
> possa eu alcançar o estado de buda para o benefício de todos os seres.

Quando concedo sessões de introdução ao Buddhadharma, os não budistas são sempre bem-vindos caso procurem algo benéfico. Se você verificar que algumas de minhas explicações são úteis, incorpore-as em sua vida cotidiana; aquelas que não são tão úteis você pode simplesmente descartar. Entretanto, em meus esclarecimentos sobre a filosofia budista naturalmente emergirão muitos pontos de diferença, uma vez que estou apresentando um texto budista que adota, é evidente, a visão budista. Quando isso ocorrer, por favor não pense que estou de algum modo depreciando sua tradição.

Claro que os grandes eruditos budistas da universidade monástica de Nalanda, na Índia, historicamente mantiveram amplos debates entre si. Proponentes da escola Mente Apenas (*Chittamatra*), por exemplo, criticavam a posição do Caminho do Meio (*Madhyamaka*) enquadrando-a no extremo do niilismo, enquanto proponentes da escola do Caminho do Meio criticavam a posição da Mente Apenas situando-a no extremo do absolutismo. Portanto, a respeito disso eu compartilho do sentimento do mestre tibetano do século XVIII Changkya Rinpoche (1717-1786), que escreveu:

> Não é que eu não respeite você,
> Por favor, perdoe-me se o ofendi.[1]

O budismo que floresceu no Tibete é uma tradição abrangente: contém todos os elementos essenciais de todos os ensinamentos das tradições Mahayana e do Veículo Menor, e inclui ainda os preceitos tântricos do Vajrayana. Do ponto de vista das linguagens de origem, a tradição tibetana engloba muitos dos textos-chave da vertente em idioma páli, mas baseia-se primariamente na versão sânscrita indiana. Em relação à origem de suas linhagens, a tradição tem uma dívida de gratidão perante os grandes mestres de Nalanda, a instituição monástica que floresceu no norte da Índia durante o primeiro milênio. Os textos-chave estudados nos colégios monásticos tibetanos, por exemplo, foram todos compostos pelos grandes pensadores e peritos de Nalanda. Na verdade, compus uma prece, *Louvor a dezessete mestres de Nalanda*, para reconhecer a origem de nossa tradição e a dívida que nós, budistas tibetanos, temos para com suas obras escritas. O texto integral dessa oração aparece no final deste livro. No colofão, eu escrevi:

> Hoje, numa época em que a ciência e a tecnologia chegaram a um estágio avançadíssimo, estamos incessantemente preocupados com assuntos mundanos. Em tempos assim, é crucial que aqueles que seguem o Buda adquiram fé em seu ensinamento com base na compreensão genuína.

É movido por essa convicção de que os antigos ensinamentos do budismo são tão relevantes e valiosos quanto sempre foram que apresento esta introdução à tradição tibetana.

Parte I

UMA INVESTIGAÇÃO DAS *ESTROFES FUNDAMENTAIS SOBRE O CAMINHO DO MEIO*, DE NAGARJUNA

1.
Abordando o profundo

Hoje em dia, neste século XXI, a humanidade atingiu um estágio altamente avançado de desenvolvimento material e de conhecimento em vários campos, e continuamos a progredir nessas áreas. Entretanto, as demandas sobre nossa atenção são infindáveis e, em um ambiente assim, é vital para os budistas adquirir confiança genuína no Buddhadharma, fundamentada no entendimento e na razão.

Como procedemos para obter uma fé pautada no entendimento? Conforme escrevi no colofão do *Louvor a dezessete mestres de Nalanda*,

> É com uma mente objetiva dotada de ceticismo curioso que devemos nos engajar na análise cuidadosa e buscar os motivos. Então, tendo percebido os motivos, geramos uma fé acompanhada de sabedoria.

Pois bem, sempre que nos engajamos em uma análise, tal como sobre a natureza da mente ou da realidade, se já iniciarmos convencidos de que "*deve* ser assim e assim", então, devido a nossas predisposições, seremos incapazes de ver a verdade efetiva e, em vez disso, enxergaremos apenas a nossa projeção ingênua. É essencial, portanto, que a mente investigadora se esforce para ser objetiva, e não manobrada por preconceitos. Precisamos de uma curiosidade cética, que faça nossa mente movimentar-se entre as possibilidades, indagando de maneira genuína se a coisa é daquele jeito ou de algum outro. Precisamos dar início à nossa análise de modo tão objetivo quanto possível.

Entretanto, se mantemos uma postura objetiva, não abalada por predisposições, mas não temos gosto ou interesse pela análise, isso também é incorreto. Devemos cultivar uma mente *curiosa*, atraída por todas as hipóteses; quando agimos assim, o desejo de investigar em profundidade surge naturalmente. Sem essa mente atenta a todas as possibilidades, abandonamos a investigação e simplesmente dizemos em tom sumário: "Não sei". Essa atitude não traz benefício real porque não estamos abertos a novos *insights*.

Portanto, um ceticismo curioso é extremamente importante, pois, onde existe esse ceticismo, há lugar também para a indagação constante. Um dos motivos para os progressos da ciência é porque ela indaga e executa experimentos de modo persistente, baseada em uma objetividade genuína "Por que isso é assim?", com uma mente curiosa que é atraída para todos os tipos de alternativa. Dessa maneira, a verdade torna-se cada vez mais clara, permitindo que os fatos sejam entendidos de forma correta.

"Análise cuidadosa" indica que uma investigação tosca ou incompleta não é adequada. Por exemplo, no método de análise apresentado em textos budistas de lógica e epistemologia, não é apropriado confiar em uma prova que se baseia apenas na observação parcial de um fato, no exame adicional do fato em uma categoria similar, ou na mera desconsideração do fato em qualquer categoria diferente. Basear a conclusão em elementos parciais é inadequado. Os textos budistas de lógica e epistemologia enfatizam a necessidade de se provar a verdade de uma asserção pautando-se em argumentação sólida, enraizada na observação direta. Com uma análise cuidadosa, nossas conclusões são mais estáveis e sólidas.

À medida que conhecemos e entendemos melhor a argumentação apresentada em um texto, ela deve ser relacionada a nossas experiências pessoais. Por fim, a prova definitiva é uma experiência direta válida.

Os textos budistas falam de quatro tipos de qualidade de inteligência: grande inteligência, inteligência veloz, inteligência clara e inteligência penetrante. Porque devemos analisar o tema com cuidado, precisamos de *grande inteligência*; como não podemos concluir de modo ingênuo que alguma coisa é daquele jeito, a não ser com base em uma análise meticulosa, precisamos de uma *inteligência clara*; como precisamos ter condições de "pensar por nós mesmos", necessitamos de uma *inteligência veloz*; e, por querermos buscar as plenas implicações de uma linha de indagação, precisamos de *inteligência penetrante*.

Analisando dessa maneira e esquadrinhando quais consequências e que significado podemos tirar de nosso entendimento, veremos os resultados. Devemos primeiro organizar de forma sistemática as linhas de argumentação apresentadas nos textos e então correlacioná-las com nossa experiência pessoal, de modo que a argumentação seja apoiada por observação direta e evidência empírica. Quando, tendo por base a relação entre essas linhas de argumentação com nossa experiência pessoal, sentimos: "Sim, elas são verdadeiramente úteis", ou: "Isso é verdadeiramente maravilhoso", obtemos um resoluto senso de convicção no Buddhadharma. Tal confiança é chamada de fé fundamentada em entendimento genuíno.

Sequência de análise

Quanto à sequência de procedimentos para se engajar na análise, escrevi no *Louvor a dezessete mestres de Nalanda*:

> Pelo entendimento das duas verdades, a natureza da base,
> vou averiguar como, através das quatro verdades nobres, entramos
>   e saímos do samsara;
> Consolidarei a fé nas Três Joias, nascida do conhecimento.
> Possa eu ser abençoado de modo que a raiz do caminho da
>   liberação seja firmemente estabelecida em mim.

Aqui, quando falamos sobre praticar o Buddhadharma, estamos falando sobre observar a ética de se abster das dez desvirtudes e cultivar compaixão e bondade amorosa dentro de um contexto de busca da liberação. Apenas abster-se das dez desvirtudes ou somente cultivar compaixão e bondade amorosa não constitui uma prática específica do Buddhadharma; afinal, essas práticas de ética e compaixão são características de muitas tradições espirituais. Quando falamos de Buddhadharma nesse contexto, o termo *Dharma* (ou espiritualidade) refere-se à paz do *nirvana* — liberação — e à *bondade definitiva*, um termo que abrange tanto a liberação do samsara quanto a iluminação plena do estado de buda. Usamos o termo *bondade definitiva* porque a paz do nirvana é totalmente excelente, pura e perene. Quando práticas como a abstenção de ações insalubres e danosas e o cultivo de amor e compaixão fazem parte da busca pela liberação da existência cíclica, elas tornam-se verdadeiramente Dharma no sentido de serem uma atividade espiritual budista.

A "liberação" é definida aqui como a cessação das contaminações da mente por meio do poder da aplicação dos antídotos correspondentes. A principal contaminação, a raiz de nossa existência não iluminada, é a fixação no eu, na existência do eu, bem como todos os fatores psicológicos e emocionais que acompanham essa fixação e os que dela provêm. O antídoto direto para a mente que se agarra ao eu, bem como para seus fatores mentais associados, é o *insight* da ausência de eu. Portanto, é mediante o discernimento da ausência de eu que obtemos a verdadeira liberação.

É assim que se apresenta o método para a obtenção da bondade definitiva, e os métodos espirituais associados com a conquista dessa liberação são o caminho singular do budismo. Por isso escrevi: "Possa eu ser abençoado de modo que a raiz do caminho da liberação seja firmemente estabelecida em mim".

As quatro verdades nobres

Agora, para estabelecer com firmeza a raiz do caminho da liberação dentro de nós, é essencial entender as quatro verdades nobres.[2] Essas verdades funcionam como um pilar para todos os ensinamentos do Buda — tanto do sutra quanto do tantra. Quando o Buda ensinou o Dharma pela primeira vez para seus discípulos originais, ele ensinou as quatro verdades nobres.

Se refletirmos profundamente sobre a forma como o Buda transmitiu as quatro verdades nobres, veremos que inicialmente ele descreveu suas características ou natureza; em seguida, suas funções; e, em terceiro lugar, o resultado da percepção direta de tais princípios. É por isso que nos ensinamentos budistas encontramos, com frequência, discussões sobre os três elementos principais: base, caminho e resultado. O entendimento da natureza da realidade é a *base*, o *caminho* é seguido tendo por alicerce a compreensão da base, e o *resultado*, por fim, é experimentado como um efeito do cultivo do caminho.

A lição do Buda sobre as quatro verdades nobres é uma descrição da natureza efetiva da realidade. Quando o Buda ensinou tais verdades, começou descrevendo sua natureza, dizendo: "Esta é a nobre verdade do sofrimento, esta é a nobre verdade da origem do sofrimento, esta é a nobre verdade da cessação do sofrimento, e esta é a nobre verdade do caminho". Ao enunciar as verdades dessa maneira, o Buda estava fazendo uma declaração sobre o modo como as coisas existem; ele estava descrevendo a natureza da base.

Agora, o "sofrimento" da primeira verdade nobre do Buda, da qual ele diz: "Esta é a nobre verdade do sofrimento", inclui todos os sofrimentos que nos afligem. Aqui, existem muitos níveis diferentes de sutileza, não só o sofrimento evidente da dor e da privação, mas também uma qualidade mais profunda e mais difusa de nossas experiências. A declaração: "Esta é a nobre verdade do sofrimento" reconhece que todas essas situações são insatisfatórias ou estão "na natureza do sofrimento".

Na segunda verdade, a afirmação: "Esta é a nobre verdade da origem do sofrimento" declara o que ocasiona a aflição ou o que constitui a fonte de angústia. Embora a origem da adversidade seja ela mesma uma forma de sofrimento e, por isso, está incluída na primeira verdade, o sofrimento e sua origem são aqui distinguidos e descritos em termos de causa e efeito. Mais uma vez, a causa primária de sofrimento identificada pelo Buda é nossa fixação na existência do eu, a ignorância fundamental que distorce nossa visão da realidade e nos faz relacionar apenas com aparências confusas, e não com as coisas do modo como verdadeiramente são.

A afirmação na terceira nobre verdade: "Esta é a nobre verdade da cessação" declara a natureza de liberdade do sofrimento, sua cessação completa. Ela afirma que as causas do sofrimento podem ser deliberadamente liquidadas. Quando as sementes dessas causas tornam-se cada vez mais escassas — até serem por fim erradicadas —, os frutos que do contrário teriam sido produzidos e experimentados não podem, evidentemente, surgir. Desse modo, a afirmação declara a possibilidade de um tempo em que o sofrimento e sua origem são totalmente pacificados.

Para entender plenamente a possibilidade dessa cessação, você não pode confiar em seu entendimento dos fenômenos em nível de meras aparências; em vez disso, deve penetrar em seu verdadeiro modo de ser. Você não pode crer no nível ordinário das aparências porque elas são inconfiáveis. A raiz de nosso sofrimento, a ignorância fundamental, ilude-se acerca do verdadeiro modo de ser dos fenômenos — a forma como as coisas efetivamente existem — e essa ausência de compreensão domina cada momento de nossa experiência atual.

Entretanto, essa ignorância fundamental não está inextricavelmente fundida com a natureza luminosa de nossa mente. Em última análise, ignorância e mente podem ser separadas; a falta de discernimento não é inerente à natureza de nosso intelecto. Portanto, a afirmação da quarta verdade: "Esta é a quarta nobre verdade do caminho" declara que a cessação pode ser realizada dentro de nosso *continuum* mental por meio de certos métodos. O primeiro deles é a sabedoria que percebe a natureza da realidade. Para eliminar a ignorância fundamental, cultivamos o conhecimento da ausência de eu e meditamos sobre esse fato. O caminho que distingue a ausência de eu de forma direta pode, também de modo direto, atacar a mente iludida que percebe erroneamente a condição do eu e, então, eliminá-la. Dessa maneira, a natureza do caminho é declarada.

Em resumo, ao enumerar a identidade das quatro verdades, o Buda ensinou a natureza da base, o modo como as coisas efetivamente são, o qual é ilustrado pela seguinte analogia: quando alguém tem uma enfermidade curável, há o sofrimento da doença em si, os fatores externos e internos que deram origem à enfermidade, o potencial para a cura, e o remédio ou medicação que combate as causas da moléstia e ocasiona a cura. Da mesma maneira, existe um caminho que leva à cessação de todos os sofrimentos. Essa é a natureza da base, o entendimento do modo como as coisas de fato são.

Ninguém precisa nos obrigar a procurar a felicidade e tentar superar o sofrimento, e não precisamos provar em termos lógicos o valor dessas duas ocupações. A inclinação para buscar a felicidade e evitar o sofrimento existe naturalmente em todos nós, até mesmo nos animais. Assim como essa tendência para buscar a felicidade e afastar a aflição é um fato básico de nossa realidade, as quatro verdades conectadas de forma causal — o sofrimento e sua origem, a cessação e o caminho — também são fatos essenciais da realidade.

Agora, a questão é: "Tomando esses fatos como fundamento, de que maneira aplicamos nossa compreensão das quatro verdades nobres — nosso entendimento da base?". Em resposta a essa pergunta, o Buda respondeu: "Reconheça o sofrimento, elimine a origem da angústia, efetive a cessação e cultive o caminho". Nessa sua segunda enumeração das quatro verdades nobres, o Buda ensina as funções desses princípios, o processo que devemos seguir para efetivá-los em nossa mente. Na conceituação tripla (base, caminho e resultado), essa é a explicação do caminho.

Então, quando passamos a reconhecer os sofrimentos na totalidade, o desejo de ficar livre das aflições surge naturalmente. Portanto, com a afirmação: "Reconheça o sofrimento", o Buda ensinou a importância de se entender bem todos os níveis, brutos e sutis, da adversidade. A contemplação dos dissabores avança através de três variedades progressivamente sutis de aflição: sofrimento evidente, sofrimento cambiante e sofrimento pelo condicionamento em si. O *sofrimento evidente*, também chamado de "sofrimento do sofrimento", é a dor e a privação visíveis — a definição mundana de aflição. O *sofrimento cambiante* é convencionalmente entendido como prazer, mas sua instabilidade inerente, sua impermanência, sempre traz angústia em sua esteira. O nível mais sutil, o *sofrimento do condicionamento*, é a própria qualidade de toda experiência determinada pela ignorância — dolorosa, prazerosa, seja o que for. Sempre que a ignorância é um fator em nossa percepção da realidade — e para a maioria das pessoas é assim o tempo todo, quaisquer ações que desempenhemos e quaisquer experiências que tenhamos são matizadas pela inquietação gerada por essa percepção errônea.

Em geral, o sofrimento evidente é algo que até os animais conseguem reconhecer. Não é preciso uma contemplação extraordinária para se desenvolver o desejo de ficar livre dele. Entretanto, esse tipo de adversidade baseia-se no sofrimento cambiante, que, por sua vez, tem raízes no sofrimento do condicionamento. Assim, embora tentemos eliminar apenas o sofrimento evidente, enquanto o sofrimento do condicionamento persistir, o sofrimento evidente pode vir a ser reduzido, mas não eliminado. Portanto, para evitar o sofrimento evidente por inteiro, devemos eliminar o sofrimento do condicionamento. Desse modo, o significado da afirmação "Reconheça o sofrimento" é reconhecer o sofrimento do condicionamento.

De forma semelhante, o significado da afirmação "Elimine a origem da angústia" é eliminar a raiz de todos os sofrimentos, que é a ignorância fundamental. O significado da afirmação "Efetive a cessação" é pôr fim ao sofrimento e à sua origem. É isso que devemos buscar, o objetivo final a que devemos aspirar — a *bondade definitiva* mencionada anteriormente.

Por fim, "Cultive o caminho" significa que a *cessação* deve ser efetivada dentro de nossa mente, e, por conseguinte, precisamos treinar situações que nos levarão a essa conquista. Devemos colocar nosso entendimento em prática efetiva. Ao falar de existência iluminada e não iluminada — nirvana e samsara —, na realidade estamos falando de dois diferentes *estados de mente*. Enquanto a mente permanece em um estado não iluminado, iludido, obscurecido pela ignorância, estamos no samsara. Uma vez que obtemos o *insight* sobre a verdadeira natureza da realidade e vemos além do engano e da ignorância, tem início o processo de iluminação. Portanto, samsara e nirvana, escuridão e iluminação, de fato são funções de nossa ignorância ou de nossa percepção sobre a natureza última da realidade. O cerne de nossa jornada rumo à iluminação é desenvolver esse *insight*.

Em resumo, tendo inicialmente declarado as quatro verdades nobres, o Buda ensinou, em seguida, como aplicá-las, explicando a sequência na qual temos de trilhar o caminho. O primeiro passo que o Buda nos aconselha a dar é: "Reconheça o sofrimento". E oferece mais detalhes, dizendo: "Reconheça o sofrimento, mas não há sofrimento a ser reconhecido; elimine a origem da aflição, mas não existe origem da aflição a ser eliminada; efetive a cessação, mas não há cessação a ser efetivada; cultive o caminho, mas não há caminho a ser cultivado". Com essas afirmações, o Buda evocou a maneira pela qual o conhecimento das quatro verdades nobres pode atingir a culminação — o resultado do caminho. Na fruição do caminho, não mais precisamos reconhecer qualquer sofrimento adicional ou eliminar qualquer origem de aflição secundária. Essa realidade é o discernimento final das quatro verdades nobres.

Foi assim que o Buda apresentou as quatro verdades em termos de base, caminho e resultado.

Quando o Buda ensinou tais princípios, ele falou de dois conjuntos de causa e efeito — o sofrimento e sua origem, por um lado, e a cessação e sua causa, isto é, o caminho, de outro. A primeira combinação de causa e efeito refere-se aos fenômenos aflitivos (nosso renascimento dentro da existência cíclica); a segunda diz respeito aos fenômenos iluminados (estados em que o sofrimento é totalmente eliminado). As causas e efeitos da categoria aflitiva têm como raiz a ignorância, enquanto causas e efeitos iluminados passam pela cessação da ignorância fundamental — a remoção da causa e do efeito aflitivos. Vemos aqui, mais uma vez, que tanto a existência cíclica quanto sua transcendência (samsara e nirvana) são definidas em termos de conhecimento ou ignorância sobre a natureza última da realidade. E novamente nos damos conta de que a distinção entre samsara e nirvana é uma diferença na forma como percebemos a realidade.

Uma hierarquia de visões

As quatro verdades nobres são aceitas por todas as escolas do budismo. Mas, para entender plenamente os aspectos sutis desse ensinamento central, você precisa captá-lo a partir da perspectiva da apresentação mais avançada — porque, sem um entendimento correto da natureza da realidade, você não alcançará a cessação completa do sofrimento. O preceito mais elevado e mais sutil sobre a visão correta é encontrado na escola do Caminho do Meio.

Uma vez que os praticantes espirituais possuem diferentes níveis de inteligência, o Buda primeiro falou sobre o nível bruto de ignorância, ao explicar a natureza última da realidade. Mais adiante, para beneficiar praticantes de aptidão mental média e avançada, ele falou sobre o nível sutil de ignorância. Nas escrituras budistas, portanto, pode-se encontrar explicações sobre a ignorância ou a realidade absoluta em vários níveis de sutileza, dependendo da plateia a que o Buda se dirigia. De um ponto de vista filosófico, as explicações sutis dadas por ele são mais exatas que as brutas.

Caso você se empenhe em uma análise usando o processo de argumentação descrito nos tratados do Caminho do Meio, as apresentações da mais importante natureza da realidade encontradas nas escolas de nível filosófico inferior revelam-se contraditórias e solapadas pela racionalidade. Claro que as outras escolas também lançaram críticas ao ponto de vista do Caminho do Meio, mas essas críticas falham em abranger plenamente a verdadeira natureza das coisas. Em suas objeções, nada se fundamenta em um entendimento abrangente que demonstre qualquer contradição lógica no ponto de vista do Caminho do Meio. Portanto, embora todas sejam iguais quanto ao fato de terem sido ensinadas pelo abençoado Buda, as palavras sagradas (cujos significados são livres de quaisquer falhas quando submetidos à análise crítica) devem ser aceitas como definitivas.

O próprio Buda ressaltou a necessidade de se analisar suas palavras com uma mente objetiva de ceticismo curioso. Ele afirmou:

> Ó monges e sábios,
> como o ouro que é aquecido, cortado e polido,
> examinem bem as minhas palavras
> e as aceitem, mas não por reverência.[3]

Foi justamente por ter levado em conta a diversidade de faculdades mentais, inclinações e interesses de seus discípulos que o Buda deu ensinamentos tão variados. Por isso, nos preceitos budistas, é importante distinguir lições provisórias, que apresentam verdades temporárias, daquelas que são definitivas e podem ser aceitas por seu valor nominal. A visão da escola do Caminho do Meio é a que pode ser defendida com um profundo senso de satisfação, pois a natureza última da realidade identificada nessa visão não é vulnerável à refutação, independentemente de quanto seja submetida a análise crítica. As escrituras que apresentam a visão do Caminho do Meio, portanto, são consideradas definitivas.

Assim, falar das quatro verdades nobres de acordo com o entendimento do Caminho do Meio é tratar de dois níveis de tais princípios: um nível bruto e um nível sutil. Visto que o Buda fez a apresentação de ambos os níveis da ignorância fundamental e da natureza da realidade, do mesmo modo as quatro verdades nobres possuem uma apresentação bruta, baseada nos ensinamentos provisórios dados pelo Buda, e uma apresentação sutil, que recorre a suas doutrinas definitivas sobre a natureza da realidade.

As duas verdades

O grande mestre Nagarjuna afirma em suas *Estrofes fundamentais sobre o Caminho do Meio*:

> Os ensinamentos dados pelo Buda
> baseiam-se puramente em duas verdades.[4]

Para entender a apresentação das quatro verdades nobres de acordo com a visão do Caminho do Meio, é essencial compreender estes dois níveis de verdade: convencional e absoluta, pois, como vimos, sem entender a verdade absoluta — as coisas como verdadeiramente são —, é extremamente difícil pressupor a cessação em toda a sua abrangência. Foi por isso que escrevi:

> Pelo entendimento das duas verdades, a natureza da base,
> vou averiguar como, através das quatro verdades nobres,
> entramos e saímos do samsara.

Uma vez que o entendimento das duas verdades nos faz compreender plenamente a natureza da Joia do Dharma e, com base nisso, obtemos uma compreensão mais profunda das naturezas da Joia do Buda e da Joia da Sangha, escrevi:

> Consolidarei a fé nas Três Joias, nascida do conhecimento.
> possa eu ser abençoado de modo que a raiz do caminho da liberação seja firmemente estabelecida em mim.

Em outras palavras, que possa surgir em mim uma firme confiança nas Três Joias, produzida pela verdadeira sabedoria, pautada no claro reconhecimento das naturezas dos três objetos de refúgio; e, com base nisso, possa a raiz do caminho para a iluminação ser firmemente estabelecida em mim.

A sequência que delineei aqui apoia-se na abordagem de Maitreya em seu *Ornament of Clear Realization* [Ornamento da percepção clara] (*Abhisamayalamkara*), no qual, após promover a mente do despertar, ele apresenta as seguintes instruções:

> As práticas e as [quatro nobres] verdades,
> além das Três Joias, como o Buddha...[5]

Nessas linhas, discutindo o conteúdo das práticas, Maitreya apresenta as instruções sobre as duas verdades, as diretivas acerca das quatro verdades nobres (estrutura das práticas) e as orientações sobre as Três Joias, que são o suporte das práticas. Segui a mesma sequência nesse verso.

Os objetivos do budismo são a meta imediata de quem busca obter um renascimento superior como ser humano ou deus e a meta última de quem pretende alcançar a bondade definitiva. As lições sobre os meios de se atingir um renascimento superior baseiam-se no cultivo da "visão mundana correta". Qual é essa visão? É a perspectiva correta da lei do carma e de seus efeitos, apoiada na convicção sobre o princípio da originação dependente. O que se busca e se obtém dessa visão é um renascimento superior.

Se, por outro lado, desenvolvermos o entendimento do significado sutil sobre como as coisas existem como designações conceituais, então entenderemos que a originação dependente é vazia, e disso surgirá a "visão *trans*mundana correta" (em vez da "visão *mundana* correta"). A meta atingida como resultado desse panorama é a bondade definitiva.

Portanto, até mesmo as metas da espiritualidade budista são estruturadas no contexto das duas verdades.

Além disso, a bondade definitiva mais elevada — o estado onisciente de um buda — é composta por duas corporificações: o corpo sublime da forma (*rupakaya*) e o corpo sublime da verdade (*dharmakaya*). Para um buda, o corpo da forma é alcançado por meio da acumulação de mérito — o potencial positivo produzido por atos puros de bondade, generosidade e outras práticas virtuosas —, enquanto o corpo da verdade é alcançado mediante a acumulação de sabedoria ou *insights* sobre a realidade. Uma vez que acumulamos mérito com base no aspecto aparente da originação dependente e reunimos sabedoria pautados em seu aspecto vazio, resulta que até mesmo o estado de buda é definido a partir das duas verdades. Por esses motivos, afirma-se que todos os ensinamentos apresentados pelo Buda, por mais vastos que sejam, foram ministrados dentro da estrutura das duas verdades.

Aquilo que é referido como duas verdades são os dois níveis da realidade: aparência e realidade efetiva. Esses dois níveis correspondem às compreensões de mundo fundamentadas no nível da aparência e no da realidade efetiva, o modo como as coisas verdadeiramente são. Em nossa maneira cotidiana de falar, reconhecemos diferentes graus de realidade; fazemos distinções entre aparência e realidade, e sentimos diferentes dimensões da verdade. Os ensinamentos sobre as duas verdades conceituam de modo explícito nossa intuição a respeito dessa diferença. Na distinção que experimentamos entre aparência e realidade efetiva, a natureza final, categórica, das coisas constitui a *verdade absoluta*, enquanto o entendimento desenvolvido dentro da estrutura da aparência, ou de nossa percepção cotidiana, constitui a *verdade convencional*.

Quais são, então, as características das duas verdades? Verdades convencionais são fatos do mundo obtidos por um entendimento não crítico no que tange à realidade última. Sempre que, insatisfeitos com as meras aparências discernidas por uma perspectiva não crítica, sondamos em maior profundidade, com análise crítica, buscando a verdadeira maneira de ser das coisas, o fato obtido por meio dessa inquirição constitui a verdade absoluta. Essa verdade suprema, a natureza final das coisas, portanto, não se refere a um absoluto independente, que se sustenta por si — alguma entidade altiva ideal. Refere-se, sim, à natureza última de uma coisa ou fenômeno específico. Essa coisa particular (a base) e sua verdadeira forma de ser (sua natureza fundamental) constituem uma mesma entidade. Sendo assim, embora as perspectivas ou características das duas verdades sejam definidas de modo distinto, elas pertencem a uma realidade única. Todos os fenômenos, sejam quais forem, possuem essas duas verdades.

2.
Os doze elos da originação dependente

Todas as escolas do budismo falam sobre o princípio da originação dependente (*pratitya samutpada*), isto é, argumentam que todo fenômeno depende de outro fenômeno para surgir. O Buda apresentou os doze elos da cadeia da originação dependente — desde o 1º (ignorância fundamental) até o 12º (envelhecimento e morte) — para descrever a natureza da existência cíclica, que é de origem dependente. Quando, no cerne das quatro verdades nobres, os mecanismos de causa e efeito são explicados em grande detalhe, chegamos ao ensinamento do Buda sobre os doze elos da originação dependente.

Ao ensinar as quatro verdades nobres o Buda também apresentou dois processos causais relativos aos doze elos.[6] E aqui também o primeiro processo pertence à categoria dos fenômenos aflitivos, enquanto o segundo pertence à categoria dos iluminados. No processo aflitivo, os elos prosseguem em sua sequência regular de causa a efeito, de modo que cada efeito torna-se, por sua vez, causa do efeito seguinte, culminando no sofrimento da existência cíclica. No processo referente à iluminação, entretanto, a cessação das causas leva à cessação dos efeitos: primeiro um elo cessa, depois outro, até a existência cíclica chegar ao fim. Em outras palavras, as duas primeiras verdades nobres (a do sofrimento e a de sua origem) explicam o surgimento dos doze elos, e as duas últimas (a cessação e o caminho) descrevem a dissolução dos doze elos e o resultado da liberação.

Todos os doze elos enquadram-se nas categorias do sofrimento e sua origem. Em *Exposition of the Essence of Dependent Origination*

[Exposição da essência da originação dependente], o mestre Nagarjuna escreveu:

> O primeiro, o oitavo e o nono são aflições;
> o segundo e o décimo são ações;
> os elos restantes são sofrimento.[7]

Aqui, Nagarjuna explica que, dos doze elos da originação dependente, o primeiro, *ignorância*, o oitavo, *anseio*, e o nono, *fixação*, são a origem do sofrimento na forma das aflições, enquanto o segundo, *volição*, e o décimo, *vir a ser*, são a origem na forma de ação cármica. Esses cinco constituem, assim, a origem do sofrimento. Os sete restantes — a partir do terceiro, *consciência*, passando por *nome e forma*, *fontes*, *contato*, *sensação* e *nascimento*, até o 12º, *envelhecimento e morte* — constituem a verdade do sofrimento.

Ignorância fundamental, o primeiro elo

No capítulo 26 das *Estrofes fundamentais sobre o Caminho do Meio*, Nagarjuna começa apresentando os dois primeiros elos, ignorância fundamental e ação volitiva:

> 1. Obscurecidos pela ignorância e graças ao renascimento
>   criamos os três tipos de ação;
>   são essas ações construindo [a existência]
>   que nos impelem através da transmigração.[8]

A ignorância obscurece a verdadeira natureza da realidade e distorce a forma como apreendemos os objetos; consequentemente, surge a fixação na existência do eu. Devido à força dessa ignorância, quaisquer que sejam os objetos com que deparemos em nossa esfera de experiência (formas, sons etc.), nossas percepções são distorcidas pela conceituação da existência verdadeira. Essas projeções engendradas por um modo falso de tratar os objetos levam ao apego e à aversão, os quais, por sua vez, conduzem à acumulação de carma para o renascimento na existência cíclica.

Sob o encantamento da aversão ou do apego, podemos, por exemplo, agir de forma que prejudique os outros e, por conseguinte, acumular *carma demeritório* ou *insalubre* e renascer nos reinos inferiores. Por outro lado, guiados pelo apego, podemos nos empenhar em atos de auxílio aos outros e, assim, adquirir *carma meritório* e um renascimento agradável; o apego, porém, significa que a ação ainda está enraizada em falsas projeções surgidas da fixação à existência verdadeira. Então, desiludidos até mesmo com o prazer e aspirando por um estado de equanimidade, podemos acumular *carma resoluto* a partir de profundas absorções meditativas. A expressão "três tipos de ação" refere-se, dessa forma, a: 1) carma demeritório, que impulsiona o nascimento nos reinos inferiores; 2) carma meritório, que impulsiona o nascimento como humano ou como um deus *deva* no reino do desejo; e 3) carma resoluto, que impulsiona o nascimento nos reinos da forma e da não forma. Os dois últimos são variedades de carma meritório, mas criam resultados diferentes graças à aspiração que motiva a ação.

Os três tipos de carma são considerados "aquilo que constrói" o nascimento no ciclo da existência. Alternativamente, as "três ações" podem ser identificadas aqui como os atos cármicos de corpo, fala e mente realizados sob a influência dos venenos mentais. Depende da perspectiva a partir da qual se faz a abordagem. Da perspectiva dos resultados, existem carmas demeritórios, meritórios e resolutos, e, do ponto de vista dos meios pelos quais os feitos são cometidos, existem atos cármicos de corpo, fala e mente. Todas essas ações cármicas são acumuladas pela força da ignorância, que falha em reconhecer a verdadeira natureza da realidade.

Uma ação demeritória — em outras palavras, uma ação feita sem consideração pelo bem-estar alheio, sendo prejudicial aos outros — é guiada por dois tipos de ignorância. Existe 1) o fator motivador *causal*, que é a ignorância sobre a verdadeira natureza da realidade, e existe 2) o fator motivador *coemergente*, surgido com a ação, que é a ignorância acerca da lei do carma. A falta de discernimento sobre a lei do carma é um niilismo que nega causa e efeito. A ignorância em geral é dupla:

meramente, *desconhecer* algo e *ter conhecimento distorcido*, pensando que algo falso é verdadeiro. Os dois fatores motivadores de uma ação demeritória são conhecimento distorcido. Se a ignorância que produz uma ação consiste simplesmente em desconhecer algo, o estado mental subjacente é neutro: nem virtuoso, nem não virtuoso.

O conhecimento distorcido também aparece sob múltiplos tipos, como os que envolvem denigração — por exemplo, a visão que escarnece da lei do carma — e aqueles que envolvem reificação. Um exemplo desse último seria a ignorância do nível bruto de fixação na existência inerente das pessoas e dos fenômenos. Entretanto, se rastrearmos a fonte suprema de todos os tipos de ignorância que envolvem conhecimento distorcido, verificaremos que reside na falta de discernimento que se agarra à existência verdadeira das coisas. Essa é a ignorância fundamental, o primeiro dos doze elos, chamado de *ignorância* porque distorce a percepção da verdadeira natureza da realidade.

Para entender como a incompreensão é subjacente à existência não iluminada, precisamos examinar um paradoxo que todos experimentamos. Todos, igualmente, evitamos o sofrimento e aspiramos à felicidade; mas, ainda assim, vivenciamos um bocado de aflições contrárias ao nosso desejo e raramente encontramos a felicidade duradoura que buscamos. Esses sofrimentos não surgem do nada; eles são produzidos por causas e condições. E, se rastrearmos tais causas e condições até suas fontes últimas, verificaremos que nós mesmos as coletamos. Esse fato — o de criarmos as condições para o sofrimento, a despeito do desejo de evitá-lo — só pode persistir por causa da incompreensão. Se não fôssemos ignorantes, não buscaríamos as condições para nossa própria angústia. Em resumo, nossos problemas e infortúnios ocorrem principalmente devido ao carma que nós mesmos criamos, e fazemos isso sob o domínio da ignorância.

A última parte da estrofe — "essas ações... nos impelem através da transmigração" — significa que o carma determina se nosso nascimento é bom ou mau. E, como acabamos de ver, existem três tipos de ações volitivas (demeritórias, meritórias e resolutas), que produzem três tipos correspondentes de nascimento. Em termos de natureza efetiva, existe o *ato de intencionar* em si e a *ação intencionada*: a ideia e sua execução. A escola do Caminho do Meio, ou Madhyamaka, de Nagarjuna, concorda com a escola Vaibhashika (da Grande Exposição) que a ação intencionada é física, uma ação de corpo ou fala.

Marcas em nossa consciência

Voltando ao texto de Nagarjuna:

2a-b. Com a volição como condição,
a consciência entra na transmigração.

Uma vez que a ação cármica tenha sido executada, tanto o ato de intencionar quanto a ação intencionada cessam. Na sequência da cessação, algum indício do carma fica para trás. Onde exatamente ficam esses indícios? Sem distinguir diferentes níveis de sutileza do corpo e tomando apenas o corpo físico bruto, podemos ver que esse *continuum* não é estável nem pode se desintegrar com facilidade. Assim, seria difícil postular que o corpo é o repositório das marcas cármicas. Em constraste, mais uma vez sem distinguir diferentes níveis de sutileza, a consciência — que, de acordo com o budismo, segue de uma vida para a outra — é mais estável que o corpo em termos de *continuum*. Portanto, é na consciência interior que os resíduos do carma são impressos.

Ao falarmos de marcas, estamos tratando de propensões mentais criadas pelo carma coletado no passado, carma esse que é armazenado até que se reúnam as condições para que tais propensões sejam liberadas. As marcas é que conectam o cometimento de atos no passado com a colheita de seus frutos em algum momento futuro. Por isso, o repositório das marcas deve possuir um *continuum* estável. Para tratar desse assunto, alguns mestres budistas do passado postularam uma consciência fundamental (*alayavijñana*) como base dessas marcas. Outros, acreditando que a essência da pessoa pode ser encontrada quando procurada de modo crítico, consideraram a consciência (identificada como a essência do indivíduo) como base das marcas. Ambas as explicações criaram um argumento para se explicar como as marcas cármicas são transportadas vida após vida, mas também levaram a outros problemas filosóficos. O modo como a escola Madhyamaka de Nagarjuna aborda isso é diferente.

Quando Chandrakirti interpretou os singulares pontos de vista de Nagarjuna, fez distinção entre uma base temporária das marcas e uma base mais duradoura. Chandrakirti disse que a consciência imediata contemporânea do ato cármico é a base temporária da marca, e que sua base duradoura é o eu, ou a "pessoa" construída a partir da continuidade da consciência do indivíduo.

Nenhuma dessas bases pode ser encontrada quando os verdadeiros referentes de seus termos são procurados por meio de indagação crítica. Eles são meros constructos conceituais, ainda que sejam pontos não negados por outras cognições convencionalmente válidas. Como quer que seja, ao postular como base das marcas elas mesmas, reais apenas em nome e conceito o "mero eu" — que também é real apenas em nome e conceito —, obtém-se uma solução muito elegante. Os mestres indianos analisaram e refletiram extensivamente sobre isso.

Aqui, de modo muito geral, afirmei que a consciência, possuidora de um *continuum* estável, é a base das marcas. Chandrakirti, comentando a abordagem singular de Nagarjuna, oferece uma explicação mais sofisticada. Uma *entidade operante* é definida pelos budistas indianos clássicos como algo que pode produzir determinado efeito. Chandrakirti, como um madhyamika, aceita que a *desintegração* ou cessação de uma coisa condicionada seja uma entidade operante — ou, em outras palavras, uma entidade causalmente efetiva — e explica isso da seguinte forma: *desintegração* é o estado de uma coisa condicionada estabelecido quando a coisa cessa, ou chega ao fim. Essa desintegração é produzida pela mesmíssima causa que fez nascer a coisa — a semente da desintegração está presente no nascimento de todas as coisas condicionadas; portanto, a desintegração também é entendida como surgida de uma causa. Assim, por definição, uma vez que a cessação advém de uma causa, ela mesma deve ser uma causa, o que quer dizer que deve ser uma coisa operante.

Pautado nisso, Chandrakirti afirma ser a desintegração, que é efetivamente a cessação do carma, a geradora dos frutos do carma. Essa continuação dos estados cármicos desintegrados pode ser concebida de modo coerente apenas com base no *continuum* de consciência ou do "mero eu". Nenhuma outra fundamentação faz sentido.

Todas as escolas budistas clássicas abaixo da Madhyamaka Svatantrika asseveram que, embora *[o ato de] se desintegrar* seja causado, a *desintegração* em si não é causada. No rastro da *desintegração*, dizem eles, não é possível encontrar qualquer remanescente da coisa condicionada produzida por uma causa. Entretanto, ainda por essa lógica, seria necessário dizer também que, embora o *surgimento* seja causado, o *surgido*, estando já estabelecido, não precisa de uma causa, e, nesse caso, o surgido não é produzido por uma causa. Qualquer pessoa poderia aplicar o mesmo argumento conforme essas linhas. Em todo caso, os madhyamikas prasangikas dizem que, uma vez que *o que cessa* é produzido por uma causa, a *cessação* que existe no rastro do que cessa também é produzida por uma causa. Usando a mesma lógica, os madhyamikas prasangikas declaram que a pessoa designada a partir do fluxo de consciência, tendo acumulado incontáveis carmas diferentes, arcará com a continuidade da cessação dos atos cármicos.

Assim, o significado de "consciência com volição como condição" é o seguinte: a consciência que funciona como repositório das marcas é chamada de *consciência causal*, enquanto a consciência sobre a qual amadurecem, no novo nascimento, os efeitos da consciência carregada de marcas é chamada de *consciência resultante*. A *consciência* apresentada aqui como o terceiro elo é a consciência causal, especificamente aquela que sustenta a marca de uma ação cármica motivada pela ignorância capaz de projetar o *continuum* em um novo nascimento, na existência cíclica.

Mente sem começo

Os tantras falam de vários níveis de consciência. Esse tópico importante requer uma séria reflexão. Por exemplo, devido ao fato de o nível mais bruto de consciência estar fortemente conectado ao corpo — incluindo o corpo sutil, com seus ditos canais, ventos e gotas —, esse se torna o suporte, e a consciência bruta, aquilo que é sustentado. Quando o corpo, o suporte, se dissolve, a consciência bruta sustentada também se esvai. Por exemplo, quando o órgão ocular é avariado, a consciência visual também fica prejudicada.

Igualmente, muitos tipos de consciência dependem do corpo. Falamos de "consciência humana", "consciência na época da velhice" e "consciência dos doentes", e todas se relacionam nitidamente ao corpo. Com frequência, ouve-se budistas dizerem que a mente — o *continuum* da consciência — não tem começo, mas eles não estão falando dessas consciências brutas. É claro que, quando o suporte (o corpo) passa a existir, os órgãos dos sentidos formam-se gradativamente, dando origem às percepções sensoriais. De modo semelhante, quando o corpo se degenera, algumas das faculdades cognitivas dele dependentes também deterioram — pela perda da memória, por exemplo. Por fim, quando o corpo deixa de existir, a consciência que se subordina a ele também chega ao fim. Essa não pode ser a consciência sem início. Entretanto, as consciências que têm o corpo como suporte nascem (a despeito disso) em sua natureza luminosa e conhecedora, e deve haver uma condição singular que lhes permita originar-se em tal natureza. "Luminosa", nesse contexto, significa apenas não física, e "conhecedora" significa capaz de estar ciente das coisas. "Luminosa e conhecedora" é a definição-padrão de consciência no budismo.

Em geral, a mera existência de um órgão físico não quer dizer que também haja consciência. Por exemplo, antes da concepção de uma criança, existe a base física, mas não há uma consciência sustentada. Aqui, concepção não é sinônimo de fertilização; para os budistas, a concepção ocorre quando o *continuum* de consciência entra no corpo. Isso envolve um processo que leva tempo. O óvulo fertilizado no útero permanece o mesmo antes e depois da concepção, mas, antes dela, não sustenta uma consciência. Agora, se a mera existência de um óvulo fertilizado acarretasse necessariamente a presença de uma consciência bruta, a despeito do momento da concepção, então também haveria sensação e tudo o mais, quer a concepção ocorresse quer não.

A questão de quando exatamente a consciência entra no útero requer mais investigação. Tanto os textos do sutra quanto os do tantra citam um estágio no qual os "fluidos regenerativos" dos pais se unem, e, então, a consciência entra, mas tais afirmações partem de um ponto de vista geral e não são necessariamente definitivas. Hoje, por meio da tecnologia, um óvulo pode ser fertilizado até mesmo fora do útero, levando a uma concepção bem-sucedida depois que o embrião é inserido nesse órgão. Algumas histórias antigas também relatam incidentes de concepção ocorrendo fora do ventre materno. Ou seja, a concepção humana não precisa ocorrer dentro do útero.

Frequentemente trago esses temas à tona porque hoje em dia pode-se ver coisas que não estão de acordo com as explicações dos textos. Por exemplo, o tamanho, a distância e outros dados a respeito do Sol e da Lua listados em *Tesouro do conhecimento superior* (*Abhidharmakosha*), de Vasubandhu, contradizem as medidas determinadas por observação empírica e cálculo matemático. Sustentar as medidas dos tratados budistas seria um desafio à evidência empírica. Além disso, uma vez que o Buda disse que devemos rejeitar dogmas filosóficos conflitantes com a razão, seria ainda mais impróprio defender um princípio que desafia a experiência direta. A mesma lógica aplica-se à discussão acerca do instante em que ocorre a concepção. As explicações dos tratados budistas devem ser tomadas como diretrizes gerais, e não como palavras definitivas, finais.

Como podemos determinar a autenticidade de referências das escrituras aos chamados fatos "extremamente ocultos" (em contrapartida a, digamos, o conhecimento da vacuidade, que é oculto, embora possa ser inferido por meio de argumentação), coisas que não podemos saber mediante a observação pela mente comum?[9] Os tratados budistas afirmam que podemos validar escrituras relativas a fatos extremamente ocultos checando se contêm quaisquer inconsistências internas. As escrituras, às vezes, contradizem umas às outras — o Monte Meru e os quatro continentes, por exemplo, são centrais na cosmologia budista, mas alguns escritos afirmam que o monte é quadrado, enquanto outras alegam que é redondo. Asserções desse tipo devem ser verificadas, examinando-se se a escritura é livre de contradições internas.

Voltando ao nosso ponto anterior, deve haver uma condição singular que permita à consciência surgir luminosa e conhecedora. Falamos de "humano" ou de "tornar-se humano", e o tornar-se humano acontece quando a consciência surge a partir das secreções reprodutoras dos pais. Entretanto, qual é a condição que permite à consciência ter a natureza de luminosidade e a capacidade de perceber um objeto? Uma base física não é suficiente. A consciência requer um *continuum* prévio que compartilhe sua identidade luminosa e conhecedora. O corpo humano serve de condição cooperativa para uma "consciência humana", mas, por ser físico e não luminoso, não pode ser a causa substancial da consciência. A raiz principal da consciência tem de ser um momento anterior de percepção.

É por isso que o budismo postula vidas passadas e futuras. Alguns indivíduos até conseguem recordar-se de suas vidas passadas. Dominando-se as absorções meditativas, podemos, com base em nosso nível atual de consciência bruta, intensificar a capacidade de nossa memória a um estado tal que se torne possível lembrar-se de vidas passadas. À medida que essa capacidade aumenta, podemos até mesmo alcançar condições de intuir — em termos gerais — eventos do futuro.

Em minha experiência pessoal, por diversas vezes tive indícios de que Kyabje Ling Rinpoche, um de meus principais mentores, possuía essa cognição superior; ele parecia capaz de ler a mente dos outros. Um dia perguntei-lhe sobre isso diretamente. Rinpoche respondeu que, de vez em quando, ele parecia capaz de intuir coisas, e não negou possuir uma cognição superior. Como um monge plenamente ordenado, caso Rinpoche tivesse reivindicado cognição superior sem que isso fosse verdade, teria quebrado o juramento de abster-se de declarações falsas sobre realizações espirituais, e deveria renunciar aos votos! Também conheci outros que, por meio de suas práticas meditativas, recordaram-se de vidas passadas. Ou seja, essas coisas acontecem, embora eu não tenha certeza de que surjam no nível de uma consciência sutil ou por algum outro mecanismo.

O ponto essencial é: o aspecto luminoso e conhecedor de um determinado estado de consciência tem que vir de um momento prévio dessa consciência. Conclui-se, portanto, que ela deve ser também algo que não tem começo. Pois, caso fosse postulado um início para o *continuum* do aspecto luminoso e conhecedor da consciência, teríamos de admitir que a consciência surge de uma causa que não coincide com ela, o que é insustentável. Isso também vale para coisas materiais, nas quais toda substância física, a despeito de sua sutileza, tem forma e cor, e sua causa substancial é outra substância material, cujo *continuum* podemos rastrear no tempo. Esse não é um efeito do carma; é apenas a maneira como o mundo material funciona. Assim, a existência de consciência luminosa e conhecedora e a existência de matéria como algo não mental são facetas do modo como as coisas são naturalmente. Cada uma tem sua própria continuidade causal distinta e, ao mesmo tempo, cada uma gera impacto na outra como uma condição cooperativa.

Os quatro princípios

Os tratados budistas falam de quatro vias, ou princípios, de argumentação: o princípio da natureza, o princípio da dependência, o princípio da função e o princípio da evidência. Paralelos desses princípios, que são como leis naturais, também podem ser encontrados na ciência. O *princípio da natureza* significa simplesmente que o mundo existe de um modo particular e não de outro modo, como ocorre no caso citado anteriormente (continuidades mentais e materiais). Quem argumenta com base nesse princípio defende que os fenômenos devem estar de acordo com o modo de ser das coisas. Além disso, observando-se as propriedades da natureza, pode-se deduzir outras características.

Mudanças nas formas e nos estados dos fenômenos são efetuadas tanto por meio da interdependência das coisas coexistentes quanto por meio da ocorrência de progressões causais. Esse surgimento de efeitos diferentes ilustra o *princípio da dependência*, segundo o qual tudo surge de uma causa apropriada. Ao aplicar esse princípio em uma análise racional, argumentaríamos que, como isso e aquilo são reais, tal e tal também devem ser verdadeiros. Por exemplo, eu poderia inferir que, se a raiva surgisse em mim hoje, ela não iria apenas desaparecer. Ela produziria algum tipo de efeito, como uma inquietação, que por sua vez se tornaria causa de um outro efeito.

Isso está intimamente relacionado ao *princípio da função*, que investiga os frutos de um determinado fenômeno, observa o que ele produz. Assim, o subproduto de uma mente raivosa é a inquietação, e o subproduto de uma mente generosa é a tranquilidade. Do mesmo modo, o budismo ensina que ações positivas resultam em experiências prazerosas e ações negativas trazem sofrimento. A semente do resultado está presente de certa forma em sua causa, assim como o potencial para um carvalho está presente em em seu fruto. Argumentar segundo essa linha é fazer uso do princípio da função.

O *princípio da evidência* refere-se às inferências mais amplas que se pode traçar com base nos três primeiros princípios. Essa proposição é ilustrada em afirmações como: "Se você quer encontrar felicidade duradoura, deve disciplinar sua mente". A mente existe como um *continuum* (princípio da natureza); um momento de consciência transforma os subsequentes (princípio da dependência); intenções nocivas resultam em experiências desagradáveis (princípio da função). Portanto, se você não quer sofrer e deseja ser feliz, tem que aprender a controlar sua mente a fim de criar apenas intenções benéficas, positivas. Ao refletir sobre esses fatos, vendo de que forma diferentes estados mentais exercem funções distintas, você entenderá a fundo por que a disciplina da mente leva à felicidade e desenvolverá maior *insight* sobre como as coisas são.

Por que as coisas mudam

Desde que você começou a ler este livro, passou-se algum tempo. O tempo, é claro, nunca para; prossegue, momento a momento. Do mesmo modo que os seres vivos — os habitantes do mundo — passam por mudanças, o mundo em que eles vivem, seu ambiente externo, também muda. Sob que poder o ambiente externo e os seres dentro dele são alterados? Em primeiro lugar, coisas surgem de causas. O fato de que todas as coisas condicionadas passam por mudanças a todo e cada momento não resulta de um terceiro fator ou de uma força externa. A causa que as produziu está sujeita à modificação por sua própria natureza, e, uma vez que as coisas compartilham da essência de sua causa, elas também estão sujeitas a mudança — mesmo no decurso do mais efêmero milésimo de segundo.

Em geral, podemos falar do nível bruto de impermanência — como quando morremos ou quando, digamos, algo é queimado ou demolido. Isso também é chamado de "impermanência em termos de cessação da existência contínua" e ocorre por ocasião do choque com condições adversas à continuação de um determinado fenômeno. A desintegração a todo e cada momento é uma impermanência mais sutil, e é esse tipo de impermanência que caracteriza as várias causas dos fenômenos. Ao afirmar que "todas as coisas são impermanentes" o ensinamento budista refere-se a essa impermanência sutil.

Agora, se investigarmos, veremos claramente que a noção de que as coisas podem surgir a partir de causa nenhuma leva a todos os tipos de consequências extremas e de contradições. Por exemplo, não haveria absolutamente nenhum motivo para que as plantas não crescessem em meio a um inverno enregelante. Resumindo, se as coisas pudessem surgir a partir de causa nenhuma, isso implicaria no colapso do conjunto da lei de causa e efeito, e não apenas no colapso da causalidade cármica. Em contraste, a explicação de que as coisas resultam de causas é livre de tais falácias lógicas.

Além disso, se a causa é identificada como sendo eterna, isso também é algo suspeito em termos lógicos. Se a causa nunca muda, perdurando por todos os tempos, seus efeitos, que compartilham da mesma natureza, também não estariam sujeitos a mudança. Uma vez que podemos verificar, por nossa observação empírica, que um efeito está sujeito a mudança, podemos deduzir que sua causa principal também é passível de modificação. Não só isso, mas o processo de causação em si transforma a causa e, assim, para que alguma coisa fosse verdadeiramente eterna, ela não poderia produzir outras coisas, pois isso a transformaria. Portanto, a noção de que algo pode surgir de uma causa eterna é insustentável.

De modo semelhante, a asserção de que as coisas podem surgir de uma causa desproporcional a seus efeitos também é insustentável, o que quer dizer que as características específicas do efeito devem ser correlatas às potências imanentes ao estágio causal. Não é preciso que todas as características do efeito estejam presentes no estágio causal, mas as várias propriedades dos efeitos devem corresponder às potencialidades presentes na causa. Carvalhos brotam de bolotas e não de sementes de maçã — causa e efeito devem estar de acordo entre si. Somente com base nessa relação de concordância podemos correlacionar os fenômenos em termos de causa e efeito.

Também é difícil postular que efeitos surjam de uma causa única. Os efeitos ocorrem apenas pela agregação de numerosas causas e condições. Existe aquilo que poderíamos chamar de causa direta, mas sua eficácia também depende de muitas outras causas e condições, e sua mera presença não comprova que um efeito específico virá a acontecer. Por quê? São as mudanças nas manifestações da causa que permitem o surgimento dos efeitos, e alguns elementos do nexo causal total podem falhar em se materializar antes de o efeito surgir. Uma bolota de carvalho, por exemplo, pode não ter terra, água ou luz suficiente para brotar e crescer. Na verdade, as contingências subjacentes ao surgimento de qualquer fenômeno são tão complexas e vastas quanto o infinito. Por isso, exceto no caso de uma causa direta com potência incontida — na qual a causa está madura e sua presença quase assegura a existência do efeito —, o fato de haver a causa não garante o surgimento do efeito. Os efeitos surgem apenas com base em numerosas causas e condições, e não é possível uma única e independente motivação produzir uma determinada consequência.

Pois bem, essa rede de causas e efeitos manifesta-se de duas formas: a rede da matéria e do mundo externo, e a rede do mundo interior de pensamentos, sentimentos e coisas assim. Desse modo, podemos falar de causalidade física e causalidade mental. Embora os dois tipos de causa e efeito, material e mental, operem em esferas próprias, eles afetam um ao outro. Experiências de felicidade e sofrimento emergem na dependência do mundo material externo, e nesse caso falamos de uma *condição objetiva*. Por exemplo, um estado mental de medo pode surgir na dependência de um objeto externo, como uma cobra. Mas, para uma experiência de felicidade ou sofrimento interior surgir, deve haver também uma condição causal interna. A cobra por si só não é suficiente para induzir uma experiência de medo. Experiências de felicidade e sofrimento surgem com base nos dois tipos de condição.

Uma dimensão importante das interações de causa e efeito do mundo interior (mental) e também do mundo exterior (não mental) é a intenção do agente. Neste ponto o *carma* entra em cena. É a nossa intenção — as motivações que levam a atos — que deixa marcas em nossa mente e se torna causa de experiências futuras de felicidade e sofrimento, dor e prazer. O carma, portanto, faz parte da rede mental interna de causa e efeito.

Em cada um dos três elementos do budismo que discutimos antes — base, caminho e resultado — opera a lei de causa e efeito. Essa lei natural é uma faceta importante da base, o modo como as coisas são, e tanto o caminho quanto o resultado dependem igualmente do complexo mecanismo da causalidade.

Carma, o segundo elo

Os atos podem ser puros, tais como as ações não contaminadas que dão origem às qualidades iluminadas nos vários níveis do caminho, ou aflitivos. No contexto dos doze elos, as ações ou o carma a que nos referimos são da categoria aflitiva não iluminada, ou carma que nos projeta para o renascimento contínuo no ciclo da existência. A semente desse carma está enraizada no padecimento, tendo a ignorância fundamental como aflição primeira e propiciando todos os efeitos até chegar ao envelhecimento e à morte. Conforme Nagarjuna afirmou no primeiro verso: "Obscurecidos pela ignorância e graças ao renascimento, criamos os três tipos de ação". Em outras palavras, por meio da ação cármica acumulada pelo poder da ignorância fundamental, forma-se um *carma projetivo*, que impele ao renascimento no samsara.

Todas as ações cármicas têm raízes na ignorância, mas não são todas iguais. Enquanto não efetuarmos o "caminho da visão", o ponto em que o obscurecimento da ignorância fundamental tenha sido plenamente penetrado por meio da percepção direta da vacuidade, todas as nossas ações serão contaminadas por essa ignorância. Mas algumas ações cármicas — especificamente aquelas temperadas pela visão correta da vacuidade, renúncia verdadeira e mente do despertar — podem nos ajudar a sair da ignorância e, assim, não constituem o segundo elo. Atos cármicos formados com base no conhecimento verdadeiro — vendo tudo como ilusório, destituído de existência real — são completamente diferentes dos atos cármicos que projetam o nascimento na existência samsárica. O mesmo vale para ações impulsionadas por renúncia verdadeira, tal como o pensamento sincero: "Como desejo ficar livre da existência condicionada pelo sofrimento!", o qual surge mediante o reconhecimento de que são as aflições que nos acorrentam ao padecimento. E é igualmente válido para atos acumulados por meio da mente do despertar, a intenção altruísta de garantir o bem-estar de todos os seres sencientes. Ações como essas apresentam mera semelhança com a verdade da origem do sofrimento, e seus frutos amadurecem como condições para a prática espiritual. Por exemplo, a obtenção, mediante o carma positivo, da existência corpórea singular como ser humano no reino afortunado, que é a base para cultivo da onisciência, também pode ser efeito secundário da geração de uma mente do despertar.

Resumindo, o segundo elo, ação volitiva, é um ato cármico acumulado, tendo a ignorância fundamental como motivação causal da existência samsárica. Em contraste, atos reunidos pelo reconhecimento de todas as coisas como se fossem desprovidas de existência verdadeira, ou ações temperadas por renúncia genuína ou por uma mente do despertar espontânea, constituem condições para se atingir a bondade definitiva. Sempre afirmo que o fato de uma ação ser carmicamente saudável ou insalubre depende de sua motivação subjacente e, do mesmo modo, o fato de uma ação produzir existência samsárica ou levar à liberação é determinado principalmente pela intenção implícita.

À medida que nos aproximamos da morte, o estado de nossa mente é muito importante na perspectiva budista. Pode-se dizer que, na hora da morte, nosso estado mental guia o curso de nosso próximo renascimento. Se os fatores ativantes são anseio e fixação, eles guiam o curso cármico em certa direção. Entretanto, se o fator ativante for compaixão ou altruísmo, isso nos guiará em outra direção.

Existe uma história dos tempos de Gungthang Rinpoche no Mosteiro de Tashikhyil.[10] Um velho monge à beira da morte agarrava-se à vida há tanto tempo que Gungthang Rinpoche foi visitá-lo para verificar o que estava acontecendo. O visitante descobriu que o monge estava profundamente apegado ao delicioso chá de manteiga do mosteiro. Gungthang Rinpoche tranquilizou o monge idoso: "Não se preocupe. No paraíso Tushita, o chá de manteiga é ainda melhor!" Como resultado, o monge aparentemente teve condições de se desapegar e falecer em paz. A questão aqui é o fator cármico ativado na hora de sua morte: o apego ao chá ou o desejo de nascer em Tushita!

Mesmo pessoas comuns como nós, cuja mente é dominada por ilusões e ignorância, podem impulsionar o renascimento pela força de estados mentais como compaixão e aspiração altruísta. É vital, especialmente para praticantes budistas, tornar virtuoso o estado da mente na hora da morte. É importante para o moribundo, e também para as pessoas à sua volta, criar uma atmosfera que o encoraje a desenvolver um estado mental virtuoso.

Terceiro e quarto elos

Nagarjuna prossegue dizendo:

**2c-d. Uma vez que a consciência tenha entrado,
nome e forma passam a existir.**

O terceiro elo é a *consciência*, especificamente a consciência gravada com as marcas de ações volitivas que desencadearão um novo nascimento. São mencionados quatro tipos gerais de renascimento em *Ornament of Mahayana Sutras* [Ornamento dos sutras do Mahayana] (*Mahayanasutralamkara*) de Maitreya.[11] Há o renascimento impulsionado por carma e aflições — isto é, através da consumação do décimo dos doze elos da originação dependente, o *vir a ser*. Existe o renascimento impulsionado por compaixão, o renascimento impulsionado por preces de aspiração e também o renascimento impulsionado por absorções meditativas. Assim, o renascimento pode ocorrer de diferentes maneiras.

Em todo caso, não pense na consciência, aqui, como uma entidade distinta que existe por si mesma. A consciência sempre depende de uma base. Nos tratados do sistema sutra, a consciência é explicada a partir do corpo físico bruto. Na ioga tântrica superior, que identifica níveis de consciência bruta, sutil e extremamente sutil, diz-se, de modo semelhante, que o corpo possui esses três níveis, os quais atuam como bases para aquelas dimensões de consciência. Em todo caso, a despeito da sutileza, a consciência depende de um corpo. Por conseguinte, na morte, quando o corpo bruto é descartado, o corpo extremamente sutil permanece inseparável da consciência. O eu designado por esse corpo extremamente sutil também continua a existir de modo indivisível.

Para dar o exemplo de um ser nascido do útero no reino do desejo, suas bases sensoriais começam a se formar quando a consciência conecta-se ao novo nascimento. Nesse momento, quando a nova existência corpórea bruta tem início, todos os cinco agregados já existem ali. Portanto, no trecho "nome e forma passam a existir", o corpo bruto é referido como "forma", e os quatro agregados não físicos restantes (sensação, discriminação, formações mentais e percepção consciente) são rotulados como "nome". *Nome e forma* é o quarto dos doze elos da originação dependente.

Quinto, sexto e sétimo elos

Nagarjuna então continua assim:

3a-b. Uma vez que nome e forma tenham se desenvolvido,
    as seis esferas dos sentidos passam a existir.

Depois que o elo de nome e forma se materializa, ali surgem — durante a primeira, a segunda e a terceira semana de gestação humana — as seis esferas ou "fontes" (*ayatana*) dos sentidos: olhos, ouvidos, nariz, língua, corpo e mente. Esse grupo das seis esferas dos sentidos é o quinto elo da cadeia da originação dependente. As esferas dos sentidos são órgãos materiais sutis, ou faculdades (em vez dos órgãos físicos brutos *per se*), e atuam como intermediárias entre os seis tipos de objetos do sentido, por um lado, e das seis consciências sensoriais que os percebem, por outro. As seis faculdades dos sentidos são consideradas a "condição dominante" para que as cognições dos sentidos surjam.

> 3c-d. Na dependência das esferas dos seis sentidos,
> o contato passa a existir;

> 4. Ele surge apenas na dependência
> do olho, da forma e da apreensão;
> assim, a partir do elo de nome e forma,
> surge a consciência.

> 5a-c. A convergência dos três —
> olho, forma e consciência —,
> isso é contato...

Os tratados budistas parecem indicar que a faculdade sensorial do tato existe mesmo no útero, quando a consciência do corpo entra em contato com o aspecto corporal tátil. De modo semelhante, penso que a consciência do ouvido também ouve os sons. Quanto à consciência do nariz, que percebe odor, ou a consciência da língua, que percebe sabor, não sei, e ainda não existe contato entre consciência do olho e objetos visuais. Não obstante, os órgãos dos sentidos (a faculdade do olho e assim por diante) já estão formados no útero. Depois do nascimento, a reunião de três fatores — no caso da experiência visual: a) uma forma externa; b) a faculdade sensorial do olho, que é a condição dominante; e c) a consciência visual — permite o surgimento das cognições que apreendem seus objetos. Os outros tipos de cognições sensoriais são descritos de forma semelhante. É a essa reunião de objeto, faculdade sensorial e consciência que nos referimos como *contato*.

> 5c-d. ... do contato
> passa a existir a sensação.

Sensação aqui não se refere a nossas emoções complexas de raiva, ciúme e coisas do gênero, mas apenas ao caso de experimentarmos alguma coisa como agradável, desagradável ou neutra. Uma vez que ocorre o contato — a convergência de objeto, faculdade sensorial e consciência — como parte da cadeia causal que perpetua a existência cíclica, ele leva, então, a sensações ou experiências prazerosas ou desprazerosas, o sétimo elo.

Oitavo e nono elos

Nagarjuna prossegue:

**6a-b. Condicionado pela sensação é o anseio;
tem-se anseio por causa da sensação;**

As sensações que surgem do contato são maculadas pela projeção de existência verdadeira sobre as coisas. Essas sensações, por sua vez, produzem dois tipos de aspiração: anseio por sensações prazerosas, no sentido de rejeitar ser separado delas, e anseio pela separação de sensações dolorosas. É com base nesses dois tipos de anseio (o oitavo elo) que surgem o apego e a aversão.

**6c-d. Quando se anseia, existe avidez;
os quatro tipos de fixação [ocorrem].**

Aqui, *fixação*, ou *apropriação*, é uma forma de apego. Como acabamos de ver, condicionado pela sensação, o anseio surge na forma de se buscar a sensação desejável e querer separar-se da sensação indesejável. Devido a essas sensações, desenvolve-se o apego aos objetos sensoriais, às visões ou à falsa moralidade baseada na ignorância. Com isso desenvolvem-se as quatro formas de fixação: por objetos sensoriais, por visões, pela virtude própria e por uma percepção iludida do eu. Referimo-nos a essas quatro como "apropriação" porque a pessoa apodera-se delas com a convicção de que levam a sensações prazerosas. Não levam. Isso é percepção errônea, e a apropriação por ela acarretada mantém o mecanismo da existência cíclica em funcionamento.

Em resumo, os agregados são o fundamento para a obtenção de estados negativos de existência, e, quando os agregados encontram-se com as circunstâncias apropriadas, surgem o contato e a sensação; na dependência desses, vem o anseio, e do anseio nasce a fixação, ou apropriação, o nono elo.

Décimo, 11º e 12º elos

Nagarjuna segue dizendo:

7. Onde existe fixação,
    a existência daquele que se fixa vem a ser inteiramente.
    Onde não existe fixação, então,
    sendo livre, não haverá um vir a ser.

O segundo elo, a ação cármica volitiva, cessa no momento em que o ato é cometido. Já o décimo elo, o *vir a ser*, conforme explicado antes, é entendido em termos de desintegração da ação cármica, ou em termos da potência do carma. De todo modo, vir a ser, ou *existência*, é a semente cármica ativada pelo anseio e pela apropriação e, assim, transformada em uma potente condição que por certo provocará seu efeito cármico. Isso pertence à categoria de carma, ou causa, mas, uma vez que é o estado do carma que precede de forma imediata o efeito — isto é, uma nova existência —, esse estado é referido pelo nome de seu efeito. É o estágio, no *continuum* de uma semente cármica, em que sua potência chega à plena maturidade, e o efeito é iminente.

8a-b. Esse vir a ser constitui também os cinco agregados,
    e do vir a ser emerge o nascimento.

Como vimos, as ações cármicas são criadas por meio do corpo, da fala e da mente. Desses três tipos de ações, as de corpo e fala pertencem ao agregado da forma, enquanto os atos mentais pertencem aos outros quatro agregados: sensação, discriminação, formações mentais e percepção consciente. O vir a ser, ou existência, é seu fruto, e é dele que o nascimento, o 11º elo, passa a existir.

As escrituras budistas falam de quatro tipos de nascimento: útero, ovo, calor e umidade, e espontâneo. Desses, os dois primeiros são comumente observados, mas o nascimento a partir do calor e da umidade requer mais investigação. No nascimento espontâneo, todas as faculdades dos sentidos emergem simultaneamente, de forma madura. A referência ao nascimento no trecho "e do vir a ser emerge o nascimento" é, creio eu, feita a partir do ponto de vista do nascimento de um útero. Em um nascimento uterino, o primeiro momento deste elo é o da concepção, quando a consciência entra no óvulo fertilizado.

> 8c–d. Envelhecimento, morte e dor,
> desgosto, sofrimento e assim por diante,
>
> 9a–b. Bem como infelicidade e agitação:
> isso provém do nascimento.

Depois do elo do nascimento, surge o elo do envelhecimento, no qual os agregados físicos e mentais amadurecem e se transformam através de vários estágios. A segunda parte do 12º elo, morte, surge quando até mesmo o *continuum* dos agregados (ou seja, seu *continuum* como componentes psicofísicos do ser) é descartado. Além disso, mesmo vivos, experimentamos sofrimento mental, proferimos queixas verbais e enfrentamos dor física. De modo alternativo, os versos podem ser interpretados como se afirmassem que, na dependência do nascimento, experimentamos desprazer em geral e manifestação de queixas em particular; dor física, infelicidade mental e distúrbios vão se seguir de forma inequívoca.

> 9c–d. O que vem a existir
> é apenas uma massa de sofrimento.

Aqui Nagarjuna fala de uma "massa de sofrimento". Essa expressão é encontrada em um sutra sobre a originação dependente,[12] e creio que aqui Nagarjuna está usando a expressão da mesma maneira. O conjunto de agregados — que tem a ignorância fundamental como causa, e o apego e a aversão como condições cooperativas — está sujeito à aflição desde o instante do nascimento até o fim da vida. Além do mais, uma vez que é o veículo para a criação de mais sofrimento em vidas futuras, a felicidade pela qual ansiamos nos é negada perpetuamente, e continuamos a sofrer o tormento que não queremos. Dessa forma, os seres estão presos em uma roda de existência samsárica, que é, portanto, chamada de "massa de sofrimento". Tendo em mente os três tipos de sofrimento — evidente, cambiante e do condicionamento (conforme explorado no primeiro capítulo) — a expressão do Buda "massa de sofrimento" refere-se primariamente ao sofrimento do condicionamento.

Os doze elos em sequência reversa

Nagarjuna começa então a apresentar os doze elos em sequência reversa:

10. A raiz da existência cíclica é a ação;
    portanto, o sábio não age.
    O insensato é um agente,
    o sábio, vendo a talidade, não o é.

Ao afirmar de que forma a pessoa sábia, deixando de engajar-se em atos cármicos (isto é, atos contaminados pela ignorância), não perpetua o ciclo da existência, o verso sugere a explicação da sequência reversa dos doze elos da originação dependente. Tendo estudado a sequência da originação desde a ignorância até o envelhecimento e a morte, poderíamos indagar qual é raiz desse fardo que carregamos, o conjunto de agregados, que nos atola continuamente em infortúnio? Tudo se deve ao fato de se ter tomado o *nascimento* como integrante do conjunto de agregados assumidos por meio de carma e aflições. Não assumimos os agregados por nossa vontade e escolha; somos obrigados pelos ditames da causa de nossos agregados — o elo de *vir a ser*, que precisa apenas ser estabelecido dentro de nosso *continuum* mental, e não temos escolha a não ser adotar o renascimento. A instituição do elo do *vir a ser*, por sua vez, repousa na ativação de nosso carma por meio de *anseio* e *apropriação* (ou *fixação*). A formação do anseio e da apropriação igualmente requer fixação à existência verdadeira de nossas *sensações* agradáveis ou desagradáveis. O surgimento de tais sensações é, então, baseado no encontro de objetos desejáveis, indesejáveis ou neutros. Isso é o *contato*, a convergência de objeto, faculdade sensorial e consciência. Esse contato, por seu turno, requer a plena presença das *seis esferas dos sentidos*, que, de sua parte, dependem de *nome e forma* — em outras palavras, os cinco agregados psicofísicos.

Quando o elo de nome e forma é impulsionado pela *ignorância*, ele torna-se a base do sofrimento. Entretanto, quando nome e forma são impulsionados por fatores como a mente do despertar, que considera os outros mais preciosos do que ela própria, eles provavelmente não se tornarão uma base para o sofrimento. Portanto, para que nome e forma constituam o quarto elo, devem ser impelidos por causas que produzam sofrimento.

Os elos que têm início com nome e forma são chamados de *efeitos impulsionados*, e o surgimento de nome e forma requer a presença de uma *causa impulsora*. Quais são as causas impulsoras? O Buda as identificou nos primeiros três elos: o terceiro, *consciência*, o segundo, *ação volitiva*, e o primeiro, *ignorância*. Em resumo, nome e forma vêm a existir baseados na consciência gravada com marcas cármicas; e, para essa consciência surgir, deve-se acumular ação gerada pela ignorância — tanto carma positivo quanto negativo. Essa ignorância pode ser relativa à lei do carma em termos imediatos, mas a causa última, ou raiz, da ignorância é a ilusão que se agarra à existência verdadeira.

É por isso que, quando se enuncia a premissa para a explicação dos doze elos da originação dependente, a raiz é traçada até a ignorância. Por exemplo, no trecho a seguir, quando Aryadeva afirma que a "consciência" é a semente da existência cíclica, ele está pensando primeiramente na ignorância como cerne dessa consciência:

A consciência é a semente da existência,
enquanto os objetos são seu campo de experiência.
Quando, relativamente aos objetos, não se vê eu nenhum,
a semente da existência cessa.[13]

Como os doze elos da originação dependente são completados

Um ciclo de doze elos de originação dependente tem um princípio e um fim. No que tange a um único ciclo, podemos entender da maneira a seguir descrita.

Neste momento estamos vivenciando o efeito de um ato volitivo acumulado com base em uma categoria específica de ignorância, um carma que impeliu esta existência em corpo físico. Assim, estamos em meio a um ciclo de doze elos que começou com a ignorância impulsora de nossa existência atual e continuará até a realização do elo do envelhecimento e morte. Desde a hora em que acordamos na manhã de hoje até o presente instante, o pensamento "eu sou" foi constante em nós. Ele surge por causa da percepção dos agregados como verdadeiramente existentes (e da fixação a eles como tais). Por isso, existem em nossa vida cotidiana incontáveis exemplos nos quais a percepção de nossos agregados físicos e mentais como possuidores de existência verdadeira e a fixação nisso servem de base para o surgimento do "eu sou" e também do eu que se fixa.

Em casos excepcionais nos quais as pessoas desenvolveram um poderoso entendimento do não eu, quando surge o pensamento de "eu sou", elas recordam-se de que o eu na verdade não existe. De modo semelhante, quando deparam com objetos externos — formas, sons e assim por diante —, reconhecem que eles não existem do modo como se mostram à mente. Para a maioria de nós, entretanto, isso é difícil. Sem o cultivo da familiaridade com a visão da vacuidade, ocasionalmente pode nos ocorrer o pensamento: "As coisas são destituídas de existência intrínseca", mas não é possível lembrar-se disso a todo instante, e, com certeza, não dá para viver plenamente suas consequências.

Quanto a nós, do momento em que abrimos os olhos de manhã até o presente instante, experimentamos aflições por causa de nossa fixação na existência do eu. Agarrar-se à existência inerente dos fenômenos é a base das aflições, e agarrar-se à existência inerente do "eu" é seu catalisador. As aflições podem ser brutas, como apego e aversão, mas podem igualmente ser mais sutis. Dirigidos por essas aflições, engajamo-nos em todos os tipos de atividade de corpo e mente.

Em resumo, antes que um ciclo único de originação dependente seja completado, até mesmo em uma mera fração de tempo, a ignorância inicia muitos novos ciclos cármicos apondo marcas em nossa consciência. Portanto, a quantidade de carma volitivo (o segundo elo) que acumulamos por meio da ignorância e marcamos em nossa consciência está além do cálculo. Desse vasto estoque de marcas cármicas que estão prestes a ocasionar o elo do *vir a ser* ao deparar com as condições necessárias, uma delas é ativada à beira da morte pelo anseio e pela apropriação, o oitavo e o nono elos. Dessa maneira, quando surge o elo do *vir a ser*, dizemos que os efeitos dos três elos impulsores — ignorância, carma e consciência — atingiram a fruição.

Desse modo, embora falemos de início e fim de um ciclo único de doze elos, em geral no âmbito do envelhecimento e morte de um único ciclo, bem como entre o contato e a sensação de um ciclo apenas, acumulamos muito carma novo por causa da ignorância. Além disso, uma vez que a fixação em um "eu" permanece tão difusa, podemos presumir, por extensão, que aflições como apego e aversão também surgem nas crianças. Por conseguinte, desde nosso tempo no útero até agora, temos criado, continuamente, novo carma.

Pensar segundo os versos anteriormente descritos permite reconhecer que a ignorância, a ilusão que se agarra à existência real, é sua verdadeira e inequívoca inimiga. Se, em vez de endossar a visão dessa ilusão, você a desafia com base na contemplação da vacuidade, pode ocorrer um efeito genuíno em sua mente. Em todo caso, é importante lembrar que, embora essa ilusão que se agarra à existência verdadeira seja poderosa, trata-se de um estado mental distorcido, para o qual existe um antídoto poderoso. Se você contemplar dessa maneira, existe um motivo real para esperança. Do contrário, a situação permanece de fato irremediável, e ao refletir sobre os *Três aspectos principais do Caminho*, de Jé Tsongkhapa, em que ele diz: "Estão presos na malha de ferro da fixação no eu; estão envoltos nas névoas espessas da ignorância",[14] você vai se desesperar e suspirar angustiado.

A base para a esperança genuína está contida nos seguintes trechos das *Estrofes fundamentais sobre o Caminho do Meio* e de *Four Hundred Stanzas on the Middle Way* [Quatrocentas estrofes sobre o Caminho do Meio]:

> O que quer que seja originado de modo dependente
> é explicado como sendo vacuidade.[15]

E:

> O mero suscitar de uma dúvida sobre esse ensinamento [da vacuidade] despedaça a existência cíclica.[16]

Em suma, contemplar o modo como damos voltas pelos doze elos nos faz reconhecer que a existência samsárica é ilimitada e que o verdadeiro inimigo, a origem de nossa derrocada, é a ilusão classificada como ignorância fundamental.

Sem a visão da vacuidade, até mesmo atividades como recitar mantras para atrair longevidade e boa saúde nos levam a seguir dando voltas pelo ciclo da existência. De modo semelhante, ações virtuosas executadas a partir do desejo de nascer em um reino afortunado em nossa próxima vida acabam sendo origem de sofrimento e motivo de existência cíclica. Nenhuma ação desse tipo pode ser a causa para se atingir liberação ou onisciência. Mesmo as práticas de meditação, quando motivadas por um desejo de renascimento afortunado, são causas para a continuidade da existência cíclica. Conforme Jé Tsongkhapa escreveu em *The Great Treatise on the Stages of the Path to Enlightenment* [Grande tratado sobre os estágios do caminho], "suas atividades virtuosas — com algumas exceções em razão do poder do campo — constituiriam origens típicas de sofrimento, e assim alimentariam o processo da existência cíclica".[17]

É por isso que lemos nas *Estrofes fundamentais sobre o Caminho do Meio*, de Nagarjuna:

> O insensato é um agente;
> O sábio, vendo a talidade, não o é.

Nagarjuna faz a distinção entre sábio e insensato baseado no fato de a pessoa ter ou não ter visto a talidade da originação dependente. Seres comuns, ingênuos, que carecem do antídoto para a ignorância fundamental, um antídoto digno de confiança, são agentes do carma que impulsiona seu nascimento no ciclo perpétuo da existência.

O texto segue adiante para explicar a necessidade de cessação da ignorância:

> **11a-b. Quando a ignorância tiver cessado,**
> **as ações não surgirão.**

Para responder à pergunta: "Como essa ignorância pode chegar ao fim?", o texto declara:

> **11c-d. A ignorância cessa por meio**
> **do *insight* e da meditação sobre a talidade.**

Não podemos provocar a cessação da ignorância através da meditação sobre bondade amorosa e compaixão. Tampouco podemos eliminar a ignorância por meio da meditação sobre a mente do despertar convencional. Conforme afirmam esses versos, devemos chegar ao entendimento resoluto de que a existência verdadeira à qual nossa ignorância se agarra não existe em absoluto. A compreensão proveniente de se ouvir, refletir e meditar enfocando a vacuidade — negando a existência verdadeira por meio da análise — por si só não basta. Devemos realizar também a correta averiguação da vacuidade dentro de nossa experiência direta. Esse é o significado de tais versos.

A sequência da cessação

A seguir, o texto de Nagarjuna apresenta a sequência em que os doze elos da originação dependente chegam ao fim. Ele diz:

12. Pela cessação disso e daquilo,
    isso e aquilo não se manifestam;
    desse modo, toda a massa de sofrimento
    cessa por completo.

O significado aqui é: quando cessa o primeiro elo (ignorância), a ação volitiva e a consciência sobre a qual a marca cármica é deixada também cessam, ou seja, elas deixam de surgir. Em geral, porém, a continuidade da consciência permanece na ausência da ignorância e das ações volitivas. Essa consciência, neutra em si, pode agora servir de base para marcas puras, assim como um pedaço de tecido branco pode ser tingido de preto ou vermelho.

Quantas vidas são necessárias para se esgotar um único ciclo de doze elos? Indo rápido, isso acontece em duas vidas; indo devagar, leva três. Isso porque, em uma vida, a pessoa acumula a ação volitiva motivada pela ignorância. Esse carma volitivo, uma vez marcado na consciência, pode ser ativado naquela mesma vida pelo anseio e pela apropriação, de modo que o décimo elo (vir a ser) passa a existir. Logo em seguida, na próxima vida, devido ao elo do vir a ser, o elo do nascimento surge com o elo de nome e forma. Esse, então, é seguido dos elos restantes, inclusive os das seis esferas dos sentidos, contato, sensação e envelhecimento e morte. Quando surgem dessa maneira, os doze elos ocorrem ao longo de duas vidas. Entretanto, não é com frequência que a ação ignorante gravada na consciência causal atinge a realização do elo do vir a ser dentro da mesma vida. Frequentemente, esse processo é interrompido, e apenas em uma vida futura a marca depara com as condições necessárias para ativar o carma por meio do anseio e da apropriação; só então surge o elo do vir a ser. Então, logo depois da consumação desse elo na segunda vida, os demais elos, de nascimento a envelhecimento e morte, são completados em uma terceira vida. É assim que um ciclo de doze elos ocorre no decurso de três vidas.

As escrituras distinguem os três tipos de carma a partir da forma como seus efeitos são vivenciados. Primeiro, existe o *carma que será experimentado aqui e agora* — criado em uma parte anterior da vida e cujos efeitos são colhidos mais adiante na mesma vida.[18] No exemplo em que os doze elos são esgotados em duas vidas, a ação volitiva que faz parte desse ciclo é referida como *carma que será experimentado no próximo renascimento*. Por fim, a ação volitiva no contexto da consumação dos doze elos em três vidas é chamada de *carma que será experimentado em outras ocasiões*.

3.
A análise do eu e do não eu

Tipos de ausência de eu

O ensinamento sobre os doze elos da orginação dependente é comum a todas as tradições budistas; entretanto, a interpretação dos doze elos e seus processos e, em particular, a explicação do primeiro elo (ignorância) são diferentes na escola Madhyamaka em relação a outras escolas filosóficas.

As outras escolas definem a ignorância fundamental como fixação à existência inerente da pessoa. Agarrar-se à existência inerente de uma pessoa significa acreditar que existe um eu que, de algum modo, é distinto de nosso corpo e de nossa mente — nossos agregados. Pensa-se que esse eu age como senhor dos componentes físicos e mentais de uma pessoa.

O filósofo budista indiano Dharmakirti, do século VII, dá um exemplo dessa crença em seu *Commentary on "Valid Cognition"* [Comentário sobre "cognição válida"] (*Pramanavarttika*): digamos que uma pessoa cujo corpo está se deteriorando e cheio de dores receba a oportunidade de trocá-lo por outro muito mais saudável. Das profundezas de sua mente surgiria uma pronta disposição para tomar parte na troca. Isso sugere que, no fundo, acreditamos em um eu que é distinto de nosso corpo, e, todavia, é senhor dele.

De modo semelhante, se uma pessoa com a memória ruim, ou outra deficiência mental, tivesse oportunidade de mudar sua mente por uma nova, com poderes cognitivos superiores, do fundo do coração surgiria outra vez uma disposição real de entrar na transação. Isso sugere que não apenas em relação a nosso corpo, mas também em relação a nossas faculdades mentais, acreditamos em um eu que se beneficiaria de uma troca dessas, um eu que, de algum modo, é senhor do corpo e da mente.

As outras escolas definem a fixação à existência do eu como a crença nesse tipo de eu distinto: um senhor autossuficiente e substancialmente real que está no comando dos servos corpo e mente. Para elas, a negação desse tipo de eu é o pleno significado de *ausência de eu* ou *não eu*. Quando buscamos tal eu investigando se ele é separado ou idêntico aos agregados psicofísicos, descobrimos que ele não existe. Portanto, a interpretação das outras escolas sobre os doze elos da originação dependente define ignorância fundamental como fixação nesse eu autossuficiente e substancialmente real.

Os madhyamikas concordam que obter *insight* sobre essa ausência de eu abre o caminho para se reverter o ciclo. Porém, como Nagarjuna argumenta, embora essa seja uma forma de fixação à condição do eu, ela não chega ao nível mais sutil da ausência de eu. Ao perceber esse tipo mais bruto de ausência de eu, você pode reverter alguns hábitos relacionados às aflições mais primitivas. Mas, onde quer que haja fixação a uma existência intrínseca dos agregados (o corpo e a mente), sempre haverá o perigo da fixação em uma individualidade (ou eu) baseada nesses agregados. Conforme Nagarjuna escreveu em *The Precious Garland* [A guirlanda preciosa] (*Ratnavali*):

> Enquanto existe fixação nos agregados,
> há fixação no eu;
> quando há fixação no eu, existe carma,
> e dele vem o nascimento.[19]

Nagarjuna argumenta que, assim como a fixação na existência intrínseca da *pessoa*, ou *eu*, é ignorância fundamental, a fixação na existência intrínseca dos *agregados* também é fixação na existência inerente. Os madhyamikas, portanto, fazem distinção entre dois tipos de vacuidade: a ausência de qualquer eu que seja separado dos agregados (que chamam de *vacuidade do eu*) e a ausência de existência intrínseca dos agregados em si — e, por extensão, de todos os fenômenos (que chamam de *vacuidade dos fenômenos*).[20] Nagarjuna e seus seguidores argumentam que a percepção do primeiro tipo de vacuidade pode suprimir temporariamente aflições explícitas, mas jamais pode erradicar a fixação sutil na existência verdadeira das coisas. Para entender o significado do primeiro elo, a ignorância fundamental, em seu sentido mais sutil, devemos identificá-lo e entendê-lo como fixação na existência intrínseca de todos os fenômenos — inclusive os agregados, as esferas dos sentidos e todos os objetos externos —, e não apenas em nossa noção de *eu*.

O eu relativo

A busca pela natureza do eu, o eu que naturalmente não deseja sofrimento e almeja atingir a felicidade, pode ter começado na Índia há cerca de três mil anos, se não antes. Ao longo de toda a história humana, as pessoas observaram empiricamente que certos tipos de emoções fortes e poderosas, como ódio e apego extremos, criam problemas. De fato, o ódio surge de nosso apego (por exemplo, aos membros da família, à comunidade, ou ao eu). O apego extremo cria raiva ou ódio quando essas coisas são ameaçadas. A raiva, então, leva a todos os tipos de conflitos e batalhas. Alguns seres humanos recuaram, observaram e investigaram o papel dessas emoções, seus valores, função e efeitos.

Podemos discutir emoções poderosas, como apego ou raiva, em si e por si mesmas, mas elas não podem ser realmente compreendidas se isoladas de sua existência experimentada por um indivíduo. A única maneira de se conceber uma emoção é como experiência de algum ser. De fato, não podemos sequer separar os *objetos* de apego, raiva ou ódio do indivíduo, que os concebe como tal porque a caracterização não reside no objeto. O amigo de uma pessoa é o inimigo de outra. Por isso, quando falamos dessas emoções e, em particular, de seus objetos, não podemos fazer determinações objetivas, desligadas de relacionamentos.

Assim como falamos de alguém como sendo mãe, filha ou esposa apenas em relação a outra pessoa, os objetos de apego ou raiva são desejáveis ou detestáveis apenas em relação àquele que os percebe e experimenta. Termos como *mãe, filha, inimigo* e *amigo* são relativos. O ponto é que as emoções precisam de uma estrutura de referência, um "eu" ou individualidade que as vivencie antes que possamos entender a dinâmica dessas emoções.

É claro que uma pessoa reflexiva perguntará: "Qual é exatamente a natureza do indivíduo, do eu?" E, uma vez levantada, essa pergunta leva a outras: "Onde está o eu? Onde ele poderia existir?" Tomamos por exatas palavras como leste, oeste, norte e sul, mas, se examinarmos com cuidado, veremos de novo que são termos relativos, cujo sentido existe apenas em relação a outra coisa. Comumente, o ponto de referência acaba sendo o local onde a pessoa se encontra. De fato, seria possível argumentar que, na visão budista de mundo, o centro da existência cíclica é basicamente onde se está. Portanto, em certo sentido, o próprio indivíduo é o centro do universo!

Não só isso, como também para cada um de nós, somos a coisa mais preciosa e estamos constantemente envolvidos em garantir o bem-estar dessa preciosidade. Sob determinado aspecto, nossa ocupação aqui é cuidar desse precioso cerne interior. De todo modo, é assim que tendemos a nos relacionar com o mundo e com os outros. Criamos um universo do qual nós mesmos somos o centro e, a partir desse ponto de referência, nos relacionamos com o restante do mundo. Com esse entendimento, torna-se mais crucial perguntar o que é esse eu. O que exatamente ele é?

Os budistas falam de samsara e nirvana — existência cíclica e sua transcendência. A primeira, como vimos, pode ser definida como ignorância sobre a natureza suprema da realidade, e a segunda como o conhecimento ou *insight* sobre essa natureza. Enquanto permanecemos ignorantes sobre a realidade última, estamos no samsara. Uma vez que obtemos *insight* sobre ela, deslocamo-nos para o nirvana, ou transcendência da existência não iluminada. Samsara e nirvana são diferenciados com base no conhecimento. Mas, de novo, não podemos discutir conhecimento sem falar de um indivíduo que dispõe ou não de compreensão. Voltamos outra vez à questão do eu. Qual é exatamente sua natureza?

Esse tipo de investigação precede o Buda, pois tal questionamento já predominava na Índia anteriormente à chegada do mestre. Antes de suas lições, a crença dominante era de que, uma vez que todo mundo possuía um senso inato de condição do eu, uma noção natural instintiva de "eu sou", deveria haver algo duradouro que fosse o eu real. Uma vez que as faculdades físicas e mentais constituintes de nossa existência são transitórias — mudam, envelhecem e um dia morrem —, elas não podem ser o verdadeiro eu. Caso o fossem, então nossa intuição sobre um eu duradouro, que de algum modo é independente, mas também é senhor de nosso corpo e mente, seria falsa. Portanto, antes do Buda, o conceito do eu como independente, separado das faculdades físicas e mentais, era comumente aceito.

A fixação inata na condição do eu é reforçada por esse tipo de reflexão filosófica. Os filósofos indianos sustentavam que o eu não passava por um processo de mudança. Nós dizemos: "Quando moço, eu era assim" e "Quando eu ficar velho, farei isso". Esses filósofos defendiam que tais afirmações presumem a presença de uma entidade imutável que constitui nossa identidade ao longo dos diferentes estágios da vida.

Eles também alegavam que, uma vez que meditadores altamente avançados conseguiam recordar suas vidas passadas, isso apoiava a proposição de que o eu renasce, movendo-se de uma vida para outra. Mantiveram que esse eu verdadeiro era imutável, eterno e, de alguma maneira, independente dos agregados físicos e mentais. Esse era o consenso da maioria antes de vir o Buda. O Buda argumentou contra essa proposição. Não apenas nossa intuição sobre um eu inato é ilusão, disse ele, mas também as doutrinas filosóficas que fortalecem e reforçam tal crença são fonte de todo tipo de visões falsas. Os sutras budistas, por conseguinte, referem-se à crença na condição do eu como a mente do enganador Mara — a corporificação da ilusão — e a fonte de todos os problemas. O Buda rejeitou a ideia de um eu que seja independente do corpo e da mente.

Isso significa que a pessoa não existe de modo nenhum, em qualquer sentido que seja? O Buda respondeu que a pessoa deveras existe, mas somente em relação aos agregados físicos e mentais, e na dependência deles. Assim, a existência do indivíduo é aceita apenas como uma entidade dependente, e não como uma realidade independente e absoluta.

Todas as escolas filosóficas budistas, portanto, concordam que não se pode encontrar um eu independente, separado do corpo e da mente. Todavia, qual é de fato o verdadeiro referente quando dizemos "eu faço isso" ou "eu faço aquilo"? O que é exatamente a pessoa? É no que tange à exata identificação da natureza desse indivíduo dependente que surgem diversas opiniões entre as escolas budistas. Dada a aceitação compartilhada da existência através de vidas, todas as escolas filosóficas budistas excluem o *continuum* do corpo como componente da continuidade da pessoa. Por conseguinte, as diferenças de opinião cercam o modo como o *continuum* da consciência poderia ser a base para se localizar a pessoa ou o indivíduo.

Em uma passagem de *The Precious Garland*, Nagarjuna disseca o conceito de pessoa e identidade explicando que uma pessoa não é o elemento terra, o elemento água, o elemento fogo, o elemento vento, o espaço ou a consciência. E, tirando isso, o que mais uma pessoa poderia ser? Ele responde que uma pessoa existe como a convergência desses seis componentes.[21] O termo "convergência" é a palavra crucial, pois sugere a interação dos componentes em interdependência mútua.

Como entendemos o conceito de dependência? É útil refletir sobre uma afirmação de Chandrakirti em seu comentário sobre as *Estrofes fundamentais sobre o Caminho do Meio*, comentário esse que contém uma explicação explícita sobre como entender um buda em termos de originação dependente. Chandrakirti escreveu: "O que é isso então? Postulamos o tathagata na dependência dos agregados, pois não se pode sustentar que seja idêntico aos agregados ou deles separado".[22] Sua opinião é de que, se procurarmos a essência de alguma coisa acreditando que podemos localizar algo verdadeiro — algo objetivamente real por si mesmo, que exista como referente válido do termo ou conceito —, então fracassaremos em encontrar qualquer coisa.

O tempo e o eu

Em nossas interações cotidianas, com frequência falamos sobre o tempo. Todos nós damos por certa a realidade do tempo. Caso fôssemos procurar o que exatamente o tempo é, poderíamos fazê-lo de duas formas. Uma seria investigar com a crença de que seríamos capazes de encontrar algo objetivamente real, o qual pudéssemos definir como *tempo*. Mas, na mesma hora, toparíamos com um problema. Verificamos que o tempo só pode se entendido com base em alguma outra coisa, em relação a um fenômeno ou evento particular. O outro jeito de investigar é atendo-se a uma estrutura relativa, sem presumir uma entidade real em termos objetivos.

Tome-se, por exemplo, o momento presente. Se buscarmos por ele acreditando que seremos capazes de encontrar uma entidade única no processo temporal, um "presente" objetivo, não acharemos nada. Em vez disso, ao dissecarmos o processo temporal, descobrimos que os eventos já passaram ou estão para ocorrer; encontramos apenas o passado ou o futuro. Nada é verdadeiramente presente porque o processo em si de procurar o presente é ele mesmo um processo temporal, o que significa que sempre estará necessariamente a uma distância do *agora*.

Se, por outro lado, procurarmos pelo presente dentro da estrutura relativa da convenção cotidiana, poderemos manter seu conceito. É possível dizer "no presente ano", por exemplo, sob o contexto mais amplo de muitos anos. Na estrutura de doze meses, podemos falar do "mês atual". De modo semelhante, dentro desse mês, podemos falar da "semana atual", e assim por diante. Em tal contexto relativo, pode-se manter, de modo coerente, a noção do momento atual. Mas, se procurarmos por um presente real que seja intrinsecamente presente, não poderemos achá-lo.

Exatamente da mesma forma, é possível averiguar a existência de uma pessoa dentro da estrutura relativa e convencional, sem precisar buscar algum tipo de pessoa objetiva e intrinsecamente real que seja o indivíduo. Podemos manter nosso senso comum acerca da pessoa ou indivíduo em relação às faculdades físicas e mentais que englobam sua existência específica.

Por causa disso, no texto de Nagarjuna encontramos referências a coisas e eventos ou fenômenos que existem apenas como rótulos, ou dentro da estrutura da linguagem e da designação. Dos dois modos possíveis de existência, objetivamente real e nominal, o primeiro é insustentável, como vimos. Portanto, só podemos falar de um eu em termos convencionais ou nominais — na estrutura da linguagem e da realidade consensual. Em resumo, todos os fenômenos existem meramente na dependência de seu nome, pelo poder da convenção mundana. Uma vez que não existem de forma objetiva, os fenômenos são referidos nos textos como "meros termos", "meros constructos conceituais" e "meras convenções".

Procurando pelo eu

No começo de seu 18º capítulo, Nagarjuna escreve:

1. Se o eu fosse os agregados,
 teria surgimento e desintegração;
 se fosse diferente dos agregados,
 não teria as características deles.

Se estamos procurando por um eu essencial que seja objetiva e intrinsecamente real, devemos determinar se esse eu é idêntico aos agregados ou se é algo separado deles. Caso o eu fosse idêntico aos agregados, então, como eles, o eu estaria sujeito a surgimento e desintegração. Caso o corpo sofresse uma cirurgia ou ferimento, por exemplo, o eu também seria cortado ou ferido. Se, por outro lado, o eu fosse totalmente independente dos agregados, não poderíamos explicar quaisquer mudanças no eu baseadas em modificações nos agregados, como quando um indivíduo passa de jovem a velho, de doente a saudável.

Nagarjuna está dizendo que, se o eu e os agregados fossem inteiramente distintos, não poderíamos explicar o surgimento da fixação na noção de eu com base nos agregados. Por exemplo, se nosso corpo fosse ameaçado, não experimentaríamos como resultado uma forte fixação no eu. O corpo é, por natureza, um fenômeno impermanente, sempre cambiante, enquanto nossa noção de eu alega que ele, de algum modo, é imutável, e jamais poderíamos confundir os dois se fossem de fato separados.

Assim, não podemos, fora dos agregados (tampouco dentro deles), encontrar qualquer coisa real ou tangível que possamos chamar de "eu". Nagarjuna então escreve:

> 2a-b. Se o eu em si não existe,
> como pode haver o "meu"?

O "meu" é uma característica do eu, pois o pensamento de "eu sou" imediatamente dá origem à ideia de "meu". A fixação no meu é uma forma de se agarrar à condição do eu porque o "meu" detém-se em objetos relacionados ao eu. É uma variação da visão egoísta, que vê tudo em relação a um "eu" existente de modo intrínseco. De fato, se examinamos o modo como percebemos o mundo ao nosso redor, não podemos falar de bom e mau, ou de samsara e nirvana, sem pensar a partir da perspectiva de um "eu". Não podemos falar de absolutamente nada. Uma vez que o eu torna-se insustentável, todo o nosso entendimento de mundo baseado em distinguir o eu dos outros, o meu do não meu, desmorona. Portanto, Nagarjuna escreve:

> 2c-d. Uma vez que o eu e o meu são pacificados,
> a pessoa não se agarra a eles.

Como o eu e o meu cessam, a fixação neles também não surge. Isso ecoa uma passagem de *Four Hundred Stanzas on the Middle Way* (*Chatuhshatakashastrakarika*), de Aryadeva, na qual ele diz que, quando não se vê mais um eu em relação a um objeto, então a raiz da existência cíclica chega ao fim.[23]

> 3. O que não se agarra ao "eu" e ao "meu",
> esse também não existe,
> pois quem não se agarra
> ao "eu" e ao "meu" não se percebe.

Em outras palavras, o iogue que deu fim à fixação no "eu" e no "meu" é, ele mesmo, intrinsecamente não real. Se você acredita na realidade intrínseca desse iogue, então você também se agarra à condição do eu. O que aparece na mente da pessoa que averiguou a ausência do eu e de suas propriedades é apenas a ausência de todas as elaborações conceituais. Assim como a fixação no eu e no meu deve cessar, também a fixação no iogue que deu fim a ela. Ambos são destituídos de existência intrínseca.

O ponto é que nosso entendimento da vacuidade não deve permanecer parcial, de modo que neguemos a existência intrínseca de algumas coisas, mas não de outras. Precisamos desenvolver um entendimento profundo da vacuidade para que nossa percepção da falta de existência intrínseca englobe todo o espectro da realidade e se torne totalmente livre de qualquer elaboração conceitual. Trata-se do entendimento da mera ausência, uma simples negação da existência intrínseca.

Desmantelando as causas da existência cíclica

Nagarjuna continua:

4. Quando os pensamentos de "eu" e "meu" são extintos
no que diz respeito ao interior e ao exterior,
o processo de apropriação cessa;
tendo esse cessado, cessa o nascimento.

Isso refere-se aos doze elos da originação dependente, que já discutimos. "Interior" e "exterior" podem ser entendidos aqui como a concepção do eu entre os agregados ou separadamente deles. Quando cessa a fixação no eu e no meu, devido a não haver mais ativação de potenciais cármicos relacionados a fenômenos internos ou externos, o nono dos doze elos da originação dependente (fixação ou apropriação) não ocorre. Não mais nos agarramos a objetos de desfrute ou nos afastamos de coisas que julgamos não atraentes. Assim, embora possamos continuar imbuídos de potenciais cármicos, eles já não serão mais ativados por anseio e fixação; quando isso acontece, o nascimento na existência cíclica, o 11º elo, não pode mais ocorrer. É nesse sentido que o nascimento chega ao fim.

Portanto, à medida que aprofundamos nosso entendimento da vacuidade, a potência de nosso carma para impulsionar o renascimento na existência cíclica é minada. Quando se percebe a vacuidade de forma direta, conforme apresentado em *Commentary on "Valid Cognition"*, "para aquele que vê a verdade, não existe projeção".[24] Em outras palavras, uma vez que obtemos uma percepção direta da vacuidade, não mais acumulamos carma impulsor de renascimento na existência cíclica. Ao intensificarmos gradativamente nossa percepção direta, de modo que ela permeie toda nossa experiência e destrua as aflições, por fim eliminamos totalmente a raiz da fixação na existência intrínseca; a continuidade do renascimento na existência cíclica é, então, cortada. Essa é a verdadeira liberdade, ou liberação, quando não mais criamos carma por meio da ignorância, quando não existe condição para ativar o carma passado e quando as aflições são destruídas pela raiz. Por conseguinte, Nagarjuna escreve que:

> 5. Tendo cessado o carma e as aflições, existe liberação;
> o carma e as aflições surgem das conceitualizações;
> essas, por sua vez, surgem da elaboração;
> e a elaboração cessa por meio da vacuidade.

Aqui ele fornece um relato mais sutil sobre a dinâmica motora da causalidade. O nascimento na existência cíclica surge pelo poder do carma. O carma se origina das aflições (*klesha*). As aflições advêm das projeções falsas sobre os objetos. O termo *conceitualizações* (*vikalpa*), no verso citado, refere-se às projeções falsas. Estas, por sua vez, surgem das elaborações conceituais (*prapañcha*), em particular daquelas que se agarram à existência intrínseca dos objetos. Quando a elaboração conceitual da fixação na existência intrínseca cessa, por meio do *insight* sobre a vacuidade, todo o nexo é destruído. Assim, a maneira pela qual surge a existência cíclica e o processo de revertê-la ficam muito claros.

Podemos ver que, nesse capítulo de sua obra, Nagarjuna explica como se atinge a chamada *cessação*, a terceira verdade nobre. Conforme anteriormente explicado, a criação de carma é encerrada por meio da visão direta da verdade, e esse estágio é chamado de *caminho da visão*, no qual vários "objetos de renúncia" são eliminados ou "cessados" (tal como a crença na existência verdadeira); esse é o primeiro estágio da verdadeira cessação. Mais adiante, quando a pessoa elimina as aflições por completo e se torna um *arhat*, ela conclui a cessação.

Apresentando a quarta verdade nobre

Até aqui, examinamos as três primeiras das quatro verdades nobres — o sofrimento do samsara, o modo como é perpetuado pelos doze elos e a verdade da cessação. Para apresentar a quarta verdade nobre, a verdade do caminho, podemos perguntar: "Como meditamos sobre a ausência de elaborações conceituais, vista pelos seres nobres em sua percepção direta da vacuidade?" O restante do 18º capítulo do texto de Nagarjuna, bem como o 24º capítulo dessa obra, apresenta a maneira de praticar o caminho.

Quando encontramos termos como *elaboração conceitual*, geralmente precisamos ter em mente que eles significam coisas distintas em contextos distintos. *Elaboração conceitual*, por exemplo, pode referir-se à fixação na existência inerente, mas pode referir-se também ao objeto conceitualmente construído de tal fixação. Esses objetos conceitualizados, reificados, não existem sequer no nível convencional, e essas elaborações conceituais são o objeto de negação na meditação sobre a vacuidade. *Elaboração* pode referir-se também à concepção de coisas que são sem conteúdo; a vacuidade, como discutiremos mais adiante, é coerente apenas em relação a coisas vazias, e deve existir uma base sobre a qual ela é determinada. *Elaboração* também pode referir-se simplesmente à existência. Por fim, encontramos o termo *elaboração* no contexto das ditas *elaborações dos oito extremos*: surgimento e desintegração, aniquilação e permanência, ir e vir, identidade e diferença. Assim, o termo *elaboração* pode significar muitas coisas.

No presente contexto, *elaboração conceitual* refere-se à mente que se agarra à existência inerente dos fenômenos.[25] Quando Nagarjuna escreve que tal elaboração conceitual "cessa por meio da vacuidade", ele quer dizer que a sabedoria que percebe a vacuidade — e não a vacuidade em si — combate de forma direta o modo de apreensão da fixação. A ignorância *agarra-se* à existência inerente de todos os fenômenos, enquanto a sabedoria que percebe a vacuidade *nega* essa existência. Ambas enfocam o mesmo objeto, mas relacionam-se com ele de maneira absolutamente oposta. Assim, é pela percepção da vacuidade que a fixação é eliminada.

Recebi a transmissão oral explanatória de Serkong Rinpoche por meio da leitura das seis obras analíticas de Nagarjuna, e recebi de Khunu Rinpoche a transmissão de cinco delas.[26] Khunu Rinpoche, que lia bem o sânscrito, explicou-me que, nessa língua, o último verso ("Elaborações conceituais cessam por meio da vacuidade") pode ser interpretado de mais de uma forma. Quando o texto traduzido como "cessam por meio da vacuidade" é interpretado como caso instrumental, entendemos que seu significado é: pela percepção da vacuidade, as elaborações conceituais chegam ao fim, conforme descrevi. Mas o trecho pode ser lido também em sentido locativo e, nesse caso, significa que as elaborações conceituais cessam *na* vacuidade. Em outras palavras, sendo a ignorância presa ao eu um fator mental que, com o entendimento errôneo dos fenômenos em geral, também entende de forma equivocada a natureza da mente em si (inerentemente luminosa e de clara luz, desprovida de existência intrínseca), ao se apreender a vacuidade, adquire-se *insight* sobre a verdadeira natureza da mente. Quando isso acontece, chega ao fim a fixação na existência inerente da mente que concebe de maneira errada sua natureza. Por essa interpretação, é na própria vacuidade da mente que as elaborações conceituais são pacificadas. Assim, o último verso pode ser interpretado como caso instrumental ou locativo.

Nem eu, nem não eu

Nagarjuna prossegue:

6. Foi afirmado que existe o eu
   e também foi exposto que existe o não eu.
   Os budas ensinaram
   que não existem nem o eu, nem o não eu.

Também há duas formas diferentes de se ler essa estrofe. Na primeira leitura, o verso inicial — "Foi afirmado que existe o eu" — refere-se às escolas não budistas que sustentam um eu que é um tipo de realidade independente, unitária, imutável. Um exemplo é o *atman* eterno, ou eu, proposto pelas escolas indianas clássicas não budistas, como a Samkhya. Chandrakirti define essa noção de eu em *Entering the Middle Way* [Entrando no Caminho do Meio] (*Madhyamakavatara*):

> Aquilo que é participante, uma entidade eterna, não atuante,
> Inativa e sem qualidades como o eu postulado pelos *tirthikas*.[27]

O segundo verso do texto de Nagarjuna refere-se a outra antiga escola indiana não budista, a Charvaka. Os charvakas eram materialistas; muitos deles rejeitavam a ideia do renascimento e argumentavam que o eu é apenas a existência corpórea, de modo que, quando o corpo cessa, a pessoa igualmente chega ao fim. Esse verso, portanto, refere-se à visão materialista que rejeita a existência de um eu além da existência corpórea. Na primeira interpretação, os dois versos finais são vistos como representantes da visão do Buda, contrários aos dois primeiros: o Buda não aceita a noção de um eu eterno imutável, tampouco a equiparação do eu com o corpo. A primeira visão reifica um eu eterno, enquanto a segunda reduz o eu ao corpo desta única vida, e essas duas visões clássicas indianas são inaceitáveis para Nagarjuna.

Na leitura alternativa, a mesma estrofe pode ser interpretada de modo que os quatro versos aplicam-se à visão budista. Nessa interpretação, assumimos que o primeiro verso significa que o Buda, dada a diversidade de disposições mentais, tendências filosóficas e inclinações naturais entre seus seguidores, fez afirmações em alguns sutras sugerindo que existe um eu independente dos agregados. Por exemplo, em um sutra, o Buda afirma que os cinco agregados são um fardo carregado pelo eu, o que sugere a crença em algum tipo de eu autônomo.

Dessa perspectiva, o segundo verso — "e também foi exposto que existe o não eu" — mostra que o Buda também ensinou diferentes níveis de significado da doutrina do não eu. Essas diversas abordagens incluem uma bruta ausência de eu, a qual vê o não eu como rejeição do eu composto de partes; essa é a visão das escolas budistas inferiores. O Buda também ensinou o não eu como a ausência da dualidade sujeito-objeto; essa é a visão da Mente Apenas, escola que ensina uma doutrina de três naturezas, sendo a *natureza essencial* (*natureza dependente* destituída da *natureza imputada*) entendida como verdadeiramente existente. Nessa abordagem, diz-se que um aspecto da realidade é destituído de eu, enquanto outro aspecto possui a condição de eu. Os madhyamikas rejeitam essa aplicação seletiva da doutrina do não eu.

Aqui, pois, os dois últimos versos são entendidos como a posição final do Buda sobre a questão do eu e do não eu: "Os budas ensinaram/ que não existem nem o eu, nem o não eu". O Buda não apenas rejeitou a existência intrínseca da pessoa, ensinando por isso o não eu, como também refutou até mesmo qualquer existência intrínseca e absoluta do não eu em si. Essa é a visão profunda do vazio de cada um dos fenômenos, inclusive da própria vacuidade.

A questão de assegurar que não acabemos reificando a vacuidade aparece repetidamente nas obras de Nagarjuna. Em outro ponto do texto, ele diz que, se mesmo o mais ínfimo fenômeno não fosse destituído de existência inerente, a vacuidade em si seria intrinsecamente real.[28] Se a vacuidade em si fosse intrinsecamente real ou absoluta, a existência intrínseca jamais poderia ser negada. Nagarjuna refere-se, então, à visão de se agarrar à realidade intrínseca da vacuidade como uma visão irreparável.[29]

Uma negação simples

Nagarjuna prossegue:

7. Aquilo que a linguagem expressa é desfeito
porque o objeto da mente é desfeito.
Não nascida e não cessada, como o nirvana,
assim é a talidade das coisas.

Isso lembra uma estrofe de *Sixty Stanzas of Reasoning* [Sessenta estrofes de argumentação] (*Yuktishashtika*), de Nagarjuna, em que ele diz:

> Tendo encontrado um local, a pessoa é capturada
> pela cobra serpenteante das aflições.
> Aqueles cujas mentes não possuem um local
> não são capturados por essa [cobra].[30]

A vacuidade deve ser entendida como uma negação categórica da existência intrínseca. Enquanto restar alguma base objetificável, a fixação na existência verdadeira continuará a surgir. Quando a estrofe diz: "Aquilo que a linguagem expressa é desfeito", significa que a vacuidade — de uma maneira que não pode refletir-se na linguagem — é totalmente livre dos oito extremos (surgimento e desintegração, aniquilação e permanência, e assim por diante). A vacuidade não é como outros fenômenos que podemos perceber; nós a entendemos e conceitualizamos apenas por meio da negação.

Em sua taxonomia da realidade, os budistas tendem a dividir os fenômenos entre os que podem ser conceitualizados em termos positivos e os que o são apenas por meio da negação. A distinção é traçada no modo como os percebemos ou conceitualizamos. Na classe de fenômenos caracterizados de forma negativa, encontramos duas formas principais de negação. Uma é a *negação implicativa*, que acarreta a existência de alguma outra coisa em seu lugar. Um exemplo seria a negação na declaração: "Aquela mãe não tem um filho", o que implica na existência de uma filha. A outra forma é a *negação não implicativa*, que não faz subentender outra coisa; é o caso da seguinte declaração negativa: "Os monges budistas não bebem álcool".

Fazemos uso desses conceitos na linguagem comum. Por exemplo, quando falamos da ausência de alguma coisa, podemos dizer: "Não está aqui, mas..."; estamos negando algo, porém, deixamos margem para uma expectativa posterior. Por outro lado, se dizemos: "Não, não está aqui", essa é uma negação categórica simples, que não sugere restar alguma coisa a se esperar.

A vacuidade é uma negação não implicativa. É uma negação simples e decisiva que não deixa nada a que se agarrar. A ideia de que a vacuidade deve ser entendida como tal é um ponto crucial, repetidamente enfatizado nas obras de grandes mestres indianos do Madhyamaka, como Nagarjuna e seus comentaristas Bhavaviveka, Buddhapalita e Chandrakirti. Bhavaviveka levantou objeções à interpretação de Buddhapalita sobre a primeira estrofe do primeiro capítulo das *Estrofes fundamentais sobre o Caminho do Meio*:

> Nem de si mesma, nem de outra,
> nem de ambas, nem de causa nenhuma,
> qualquer coisa que seja
> jamais surge de forma alguma em uma parte qualquer.[31]

Nesse trecho, Nagarjuna está criticando o entendimento essencialista de como as coisas vêm a existir. Ele refere-se à noção do surgimento em termos de que as coisas originam-se de si mesmas, de outra coisa que não elas mesmas, de si mesmas e de outra coisa, ou de coisa nenhuma. Nagarjuna nega as quatro alternativas, que julga exaustivas caso a noção do surgimento em um sentido essencial fosse sustentável. Sua negação dos quatro modos de originação é a fundação sobre a qual se constrói o restante de seu tratado.

Em seu comentário sobre essa passagem, Bhavaviveka (c. 500-570) criticou Buddhapalita (c. 470-530) pela forma como argumentou contra o "surgimento a partir de si mesma". Buddhapalita defendeu que, se as coisas surgissem de si mesmas, "o surgimento das coisas seria inútil" e "as coisas surgiriam *ad infinitum*". Bhavaviveka disse que essa era uma argumentação inaceitável para um madhyamika, pois, quando os argumentos são invertidos, implicam em que "o surgimento tem um propósito" e "o surgimento é finito". Em outras palavras, implicam na existência de algum tipo de surgimento, violando um dogma central da escola Madhyamaka segundo o qual todas as teses apresentadas ao longo da análise da vacuidade devem ser negações não implicativas. A vacuidade é definida como a ausência de todas as elaborações conceituais, e, por conseguinte, a negação categórica total não deve deixar sobrar qualquer coisa imaginável.

Uma vez que se entende a vacuidade como uma negação não implicativa e se cultiva o entendimento disso, a percepção da vacuidade, por fim, se tornará tão profunda que linguagens e conceitos não poderão

a análise do eu e do não eu | 83

abrangê-la. É por isso que na estrofe 7 Nagarjuna escreveu "Aquilo que a linguagem expressa é desfeito" e assim por diante.

No verso seguinte ele escreveu:

> 8. Tudo é real e irreal,
> tanto real quanto irreal,
> nem real, nem irreal —
> esse é o ensinamento do Buda.

Isso ecoa a questão levantada na estrofe 6, de que, quando o Buda ensinou a verdade profunda do Dharma, ele o fez adaptando seu ensinamento às aptidões mentais de seus discípulos. Para os iniciantes, ele ensinou como se as coisas existissem do modo como aparecem à mente. Depois, ensinou que todas as coisas são transitórias, no sentido de que estão sujeitas à desintegração que ocorre a todo e cada momento. Por fim, explicou que existe uma discrepância entre a maneira como as coisas aparecem para nós e o modo como elas realmente são. O Buda, disse Nagarjuna, conduziu os praticantes através desses níveis progressivamente mais sutis de entendimento.

Combatendo o entendimento errôneo

Da estrofe 9 em diante, Nagarjuna fornece meios de se combater o entendimento errôneo da talidade, ou verdade absoluta.

> 9. Não conhecível a partir de outra coisa, tranquila,
> não fabricada pela elaboração mental,
> destituída de conceitualização, e não diferenciada —
> essa é a característica da talidade.

Essa estrofe apresenta o que se conhece como as cinco características principais da verdade absoluta. Basicamente, a estrofe afirma que a talidade jaz além do alcance da linguagem e do pensamento. Ao contrário dos objetos cotidianos — nos quais podemos distinguir, digamos, uma coisa de suas propriedades —, a vacuidade, que é a mera negação da existência intrínseca, é livre de quaisquer diferenciações desse tipo. Ela existe como um sabor único. Isso não significa que a talidade de todos os fenômenos exista como uma coisa só. Embora todo e cada fenômeno individual apresente talidade, isso significa apenas que todos os fenômenos compartilham a natureza de serem vazios de existência intrínseca. Esse é o significado dessa estrofe.

Na estrofe seguinte, é dito:

> 10. O que quer que venha a existir na dependência de outra coisa
> não é idêntico a essa coisa.
> Uma vez que tampouco é diferente de tal coisa,
> não é inexistente, nem permanente.

Essa estrofe refere-se ao princípio da originação dependente, que já discutimos. Em um nível, a *dependência* nessa originação refere-se à sujeição dos efeitos a suas causas. A causalidade possui dois elementos: causa e efeito, e Nagarjuna está analisando como ambos se relacionam. Qual é, por exemplo, a relação entre uma semente e um broto? Nagarjuna afirma que um efeito não pode ser idêntico a sua causa, pois, se assim fosse, a noção de causação se tornaria absurda. O efeito tampouco pode ser intrinsecamente independente de sua causa, pois, se assim fosse, não seria possível explicar a relação óbvia entre causa e efeito — entre uma semente e seu broto.

Uma vez que causa e efeito não são iguais, quando o efeito passa a existir a causa desaparece; o broto e a semente de onde ele provém não existem simultaneamente. Portanto, nem a causa nem o efeito são permanentes. Contudo, a causa tampouco é totalmente aniquilada quando o efeito passa a existir, e, portanto, não é inexistente. Assim, Nagarjuna conclui afirmando: "Como tal, não é nem inexistente, nem permanente".

Então lemos na estrofe seguinte:

> 11. Pelos budas, salvadores do mundo,
> esta verdade imortal foi ensinada:
> não único, não diferenciado,
> não inexistente e não permanente.

Essa estrofe adverte-nos a ficar absolutamente livres de todas as elaborações conceituais, bem como de todos os extremos.

Até aqui, em especial na estrofe 5, Nagarjuna sublinhou um de seus pontos-chave, a saber, a necessidade de se cultivar o conhecimento sobre a vacuidade para se obter a liberação da existência cíclica. Isso está amplamente de acordo com sua abordagem em *Sixty Stanzas of Reasoning*, em que diz que apreender somente a ausência bruta de eu não é adequado; devemos perceber a ausência de eu dos fenômenos. Na estrofe seguinte, ele estende o mesmo argumento aos *pratyekabuddhas*, os chamados autoiluminados.

> 12. Quando os plenamente despertos não aparecem
> e até mesmo os shravakas desaparecem,
> a sabedoria dos autoiluminados
> surge completamente, sem amparar-se em outros.

Assim como os *shravakas* (os discípulos), os autoiluminados (os *pratyekabuddhas*) também precisam de plena sabedoria sobre a vacuidade para libertarem-se do samsara. Não existe liberação a não ser pela apreensão plena da vacuidade. Para os bodhisattvas da doutrina Mahayana, a sabedoria da vacuidade é também a prática central, a vida do caminho, embora apenas isso não seja suficiente. Isso porque, nessa doutrina, diz-se que a obtenção da iluminação plena vem da união da *sabedoria*, que percebe a vacuidade com o aspecto do *método* de acumular mérito e gerar bodhichitta, a mente altruísta do despertar. Esse é o motivo de, no contexto Mahayana, a vacuidade ser às vezes referida como *vacuidade dotada de todas as qualidades iluminadas*.

Esse entendimento é compartilhado pelo tantra. O texto de Nagarjuna explica os preceitos a partir da perspectiva do Sutra, ou Veículo da Perfeição. Entretanto, uma vez que essa é uma introdução ao budismo conforme ele floresceu no Tibete, onde os ensinamentos do Vajrayana também foram transmitidos, eu também abordarei a perspectiva Vajrayana, a visão do tantra budista. De acordo com a ioga tântrica superior, não basta garantir uma vacuidade livre de elaborações conceituais como os oito extremos. Nossa percepção deve ser cultivada no nível mais sutil de consciência — a mente inata. Aqui, *mente inata* refere-se à consciência extremamente tênue, que prossegue como um *continuum* de uma vida para outra. No nível da mente inata, nossa percepção é totalmente livre de todas as elaborações conceituais e cargas sensoriais. Quando a sabedoria da vacuidade é cultivada nessa dimensão, o praticante progride pelo caminho em ritmo acelerado.

Em seu *Louvor à vastidão suprema*, Nagarjuna começa dizendo: "Presto homenagem à vastidão suprema (*dharmadhatu*)". Essa vastidão pode ser entendida em termos de "sabedoria subjetiva", e seu pleno entendimento como tal é encontrado em iogas tântricas superiores, como o *Guhyasamaja Tantra*. A sabedoria subjetiva é entendida ali no sentido de que as elaborações mentais podem ser acalmadas apenas quando a consciência extremamente sutil — a mente inata — toma conhecimento da vacuidade.

Jamyang Shepa (1648-1721), ao final de sua obra principal sobre os dogmas filosóficos em que identifica as características singulares das lições do Vajrayana, explica que, embora os ensinamentos ao nível do sutra expliquem o objeto supremo (a vacuidade), o sujeito supremo (a sabedoria da mente inata) permanece oculto e precisa ser encontrado no Vajrayana. De modo semelhante, ele afirma que, enquanto os sutras descrevem os antídotos principais do caminho, o antídoto mais importante fica oculto.[32] Esse é o antídoto para se remover as obstruções sutis ao conhecimento, que impedem a iluminação plena. O argumento de Jamyang Shepa é que, para se atingir completa iluminação, não basta cultivar a sabedoria da vacuidade e praticar as seis perfeições no nível da mente bruta, ordinária. O *insight* especial sobre a vacuidade deve ser cultivado também na dimensão mais sutil da consciência, na mente inata. As abordagens da Grande Perfeição (*Dzokchen*), do Grande Selo (*Mahamudra*) e da sabedoria espontânea da união entre bem-aventurança e vacuidade atuam nessa esfera.

As aflições e suas marcas

Existem dois pontos importantes a se ter em mente sobre as aflições. O primeiro é que, em geral, todas as aflições mentais — ideias e emoções aflitivas — são distorcidas; elas não refletem o modo como as coisas realmente são. Dada a natureza distorcida desses padecimentos, existem antídotos poderosos para ajudar a erradicá-los. O segundo ponto é o fato de a natureza essencial da mente ser luminosa (clara luz). Quando combinamos essas duas premissas — a natureza contaminada das aflições e a natureza luminosa da mente —, podemos começar a vislumbrar a possibilidade de erradicar as contaminações de nossa consciência. A liberação da existência cíclica torna-se concebível.

Precisamos aplicar o mesmo raciocínio à nossa *propensão* a essas aflições, às marcas deixadas por elas em nosso fluxo mental. Essas marcas são o que se denomina especificamente de *obscurecimentos sutis*, ou *obstruções ao conhecimento*. Assim como as aflições são extinguíveis, suas propensões também o são: elas não refletem a natureza essencial da mente. Saber disso permite-nos vislumbrar não só a liberação do samsara, mas também a possibilidade da iluminação plena ou estado de buda — que é a liberdade total não só das aflições, mas também de suas marcas.

As aflições podem ser erradicadas pelo cultivo do *insight* profundo sobre a vacuidade, que se opõe de forma direta ao modo de apreensão da ignorância e da fixação. Mas, no que tange às marcas, essa abordagem sozinha não é adequada. Entre os obscurecimentos sutis, existe uma mácula que nos impede de experimentar simultaneamente as duas verdades (a convencional e a absoluta). Temos a tendência de perceber de maneira errada as duas verdades como tendo naturezas distintas. Até essa mácula ser superada, toda nossa apreensão da vacuidade (mesmo de forma direta) apenas se alternará com as chamadas *percepções subsequentes* — discernimentos positivos que pertencem à verdade convencional, tais como a causação cármica e as quatro verdades nobres. Quando as percepções subsequentes ocorrem, cessa o equilíbrio meditativo sobre a vacuidade, e vice-versa.

O único modo de experimentar ao mesmo tempo o profundo equilíbrio meditativo e a percepção subsequente e de superar a percepção de que as duas verdades são essencialmente diferentes é trazendo a apreensão da vacuidade para o nível mais sutil da consciência. O que se requer é a fusão do significado último, que é a vacuidade, com a mente última, que é a mente inata de clara luz. Quando isso ocorre, aparências e vacuidade não mais se mostram separadamente, e as máculas sutis são superadas.

4.
Estabelecendo a verdade convencional

No tratado de Nagarjuna, o 24º capítulo, "Exame das Quatro Verdades Nobres", é de singular importância. Nos capítulos que o precedem, o autor apresenta uma série de argumentos relacionados, todos com a intenção de demolir a fixação em qualquer forma de existência intrínseca. No nível da percepção cotidiana, os fenômenos são múltiplos, mas, no nível absoluto, todos eles revelam-se destituídos de existência intrínseca. Esse argumento a respeito da vacuidade de existência intrínseca de todos os fenômenos pode suscitar os mais variados tipos de dúvida na mente. O capítulo 24 trata, de maneira objetiva, dessas dúvidas.

Apresentando as objeções

Alguns indivíduos, carecendo de afinidade com os ensinamentos sobre vacuidade, entendem o vazio da existência inerente como algo que implica o nada. Até mesmo o grande pensador budista Asanga (*c*. século IV) criticou filósofos do Madhyamaka como niilistas em um de seus textos. Em seu *Compêndio sobre o Grande Veículo* (*Mahayanasamgraha*), ele diz que alguns dos que afirmaram ser mahayanistas falharam em entender os sutras da Perfeição da Sabedoria e denegriram a realidade, sustentando que todos os fenômenos são destituídos de existência inerente. É claro que o entendimento da vacuidade por Asanga, célebre por ter atingido o terceiro estágio de bodhisattva, era, portanto, o do Madhyamaka. Todavia, em seu papel histórico de fundador da escola Mente Apenas, ele criticou os seguidores do Madhyamaka por caírem no niilismo.

Há outros que, embora admirem ostensivamente os preceitos sobre vacuidade e a filosofia Madhyamaka, ainda assim entendem de modo equivocado os ensinamentos sobre vacuidade, em uma linha niilista. Tais pessoas podem ter uma tendência para dizer coisas do tipo: "Oh, nada importa realmente; afinal, tudo é vazio". Quando se diz coisas assim, corre-se o risco de denegrir a validade do mundo convencional e a lei de causa e efeito.

Dado o perigo de tal compreensão errônea, Nagarjuna deliberadamente levanta objeções potenciais a sua doutrina sobre vacuidade e responde a uma por uma. A objeção primordial, em essência, é algo nesta linha: "Nos capítulos anteriores, você negou a existência intrínseca de todos os fenômenos a partir das perspectivas de causação, produção de efeitos, natureza própria, características definidoras e assim por diante. Se você está certo ao afirmar que nada existe de modo inerente em termos de natureza e causas próprias, então, em uma análise final, nada existe em absoluto; portanto, não existe o fruto do caminho. O ensinamento sobre vacuidade é mero niilismo". Essa é a principal objeção que Nagarjuan ecoa e à qual responde nesse capítulo. Por isso, o capítulo 24 talvez seja o mais importante de *Fundamental Wisdom of the Middle Way* [Sabedoria fundamental do Caminho do Meio].

Nas primeiras seis estrofes, Nagarjuna levanta as objeções primordiais contra o ensinamento da vacuidade:

1. Se tudo isso é vazio,
   nem surgindo, nem se desintegrando,
   então para você a conclusão é de que
   as quatro verdades nobres não existem.

2. Se as quatro verdades nobres não existem,
   então conhecimento, renúncia,
   cultivo e percepção
   são [todos] insustentáveis.

3. Se essas coisas não existem,
   os quatro frutos também não existem.

Sem os frutos, não existe aquele que os obtém,
nem existem aqueles que entram [nos caminhos].

4. Se esses oito tipos de pessoas não existem,[33]
não há comunidade espiritual;
e, uma vez que as nobres verdades não existam,
o Dharma sublime também é real.

5. Se o Dharma e a comunidade espiritual não existem,
como pode haver um Buda?
Portanto, se você fala sobre vacuidade,
isso solapa as Três Joias.

6. Isso solapa tudo —
a existência dos frutos,
[a distinção entre] ações imorais e morais —
[em resumo,] todas as convenções do mundo.

Esses versos sustentam que, se nada possui existência intrínseca, então nada existe. Se de fato a vacuidade da existência inerente significasse o nada ou a inexistência, então coisa nenhuma seria sustentável e nenhuma apresentação coerente de qualquer sistema poderia ser mantida.

Nagarjuna responde aos versos anteriores, dizendo:

7. Você que fala nesses termos
fracassou em entender o propósito da vacuidade,
a vacuidade em si, e o significado que ela tem.
Portanto, você é prejudicado por isso.

Todas essas objeções à vacuidade surgem quando alguém fracassa em entender plenamente a vacuidade, seu propósito, sua natureza e seu significado.

O propósito da vacuidade é aquilo que foi apresentado anteriormente, na quinta estrofe do capítulo 18, quando Nagarjuna diz: "O carma

estabelecendo a verdade convencional | 91

e as aflições surgem das conceitualizações;/ essas, por sua vez, surgem da elaboração" etc. Aqui, a *elaboração* é identificada como ignorância fundamental, o primeiro elo na cadeia da originação dependente. Uma vez que a ignorância ou elaboração jaz na raiz de nosso estado samsárico, apenas pela meditação sobre a vacuidade livre de elaborações podemos encontrar nosso caminho para a liberação.

Quando Nagarjuna diz, no primeiro verso do capítulo 26: "Obscurecido pela ignorância e graças ao renascimento", *ignorância* para ele não é um desconhecimento passivo, mas um conhecimento *errôneo*, uma inteligência ativamente aflita. Esses estados mentais, ainda que falsos, trazem consigo um grau de certeza que parece surgir das profundezas de nosso pensamento. Para combatê-los, portanto, devemos aplicar antídotos que também gerem certeza poderosa; não existe outro meio de refutá-los com eficiência. O *insight* sobre a vacuidade faz oposição direta à mente que se agarra a algo, e com isso ocasiona liberdade.

Por conseguinte, o verdadeiro propósito de se apreender a vacuidade não é simplesmente ampliar nosso conhecimento, mas libertar-nos da existência cíclica. Ninguém deseja sofrimento, e por isso devemos eliminar aquilo que o causa. Não podemos dissipar o sofrimento por meio de orações, nem mesmo pondo fim à vida. Para dissipar a raiz do sofrimento, a ilusão que se agarra à existência verdadeira das coisas, precisamos adquirir *insight* sobre a vacuidade. Exceto esse *insight*, realmente não há alternativa.

Por um lado, quando olhamos nossas ideias e emoções aflitivas, nós as vemos como apego, aversão e orgulho. São impulsivas e instintivas. Embora possa haver algum elemento de análise, no geral elas surgem de forma espontânea, sem necessidade de qualquer processo racional. Por outro lado, encontramos aflições referidas nos textos como "inteligência aflita", que inclui a fixação na existência intrínseca, como mencionado anteriormente. Essas não são emoções instintivas, e sim pensamentos que tendem a reforçar nossas visões falsas.

Assim, as aflições dividem-se em estados afetivos impulsivos e instintivos, como o apego, e ilusões mais cognitivas, como a ignorância. Cada uma requer antídoto diferente. Por exemplo, uma contrapartida para o apego pode incluir meditações sobre a impureza de um objeto específico; para combater o ódio intenso, podemos cultivar a bondade amorosa. Antídotos como esses, porém, não conseguem erradicar totalmente as aflições; podem apenas abrandá-las. Além disso, conforme Chandrakirti destaca em seu comentário sobre as estrofes de Nagarjuna, meditar sobre o amor para combater o ódio pode inadvertidamente induzir ao apego pelo objeto, uma vez que se estará intensificando seu senso de conexão, empatia e intimidade em relação a ele. De modo semelhante, quando se combate o apego refletindo sobre as falhas de determinado objeto, pode-se inadvertidamente desenvolver uma forma de aversão ao objeto. Por exemplo, meditar sobre a impureza do corpo humano é um antídoto para a luxúria, mas dedicar-se a essa meditação pode aumentar sua aversão por outros seres. O contraveneno para a ignorância (a apreensão da vacuidade) não possui tal efeito colateral. A sabedoria da vacuidade não só combate a fixação na existência inerente, como pode igualmente combater e erradicar todas as outras aflições. Isso porque a ilusão da existência intrínseca jaz na raiz de todas as aflições.

Os madhyamikas prasangikas entendem as aflições de forma mais ampla que os budistas em geral. Por meio de um longo processo de análise, Tsongkhapa chegou ao importante *insight* de que aflições como apego e aversão possuem níveis brutos e sutis. Tsongkhapa faz uma distinção entre as aflições apresentadas no sistema Abhidharma, aceitas por todas as escolas budistas, e um nível mais sutil de amarguras que apenas o sistema Madhyamaka Prasangika identifica.[34] Em termos gerais, apresento a seguir a maneira como entendo a essa distinção.

A compreensão que geralmente se aceita acerca das aflições é de que elas possuem distintos objetos de foco e perturbam a mente de maneiras diversas. O apego, por exemplo, exagera as qualidades atraentes de um objeto desejado, enquanto a aversão exagera as qualidades negativas. No sistema Prasangika, porém, todas as aflições envolvem, em seu modo de apreensão, um elemento de fixação na existência intrínseca. Seja apego, aversão, orgulho ou algum outro estado mental, o que os torna aflições não é seu caráter distinto, mas o denominador comum de fixação na existência inerente quando se apreende o objeto.

Uma vez que a variedade de estados mentais que se agarram a seus objetos como sendo intrinsecamente existentes não é limitada às aflições enumeradas nos textos do Abhidharma, a definição Madhyamaka Prasangika de aflição é muito mais ampla que a conceitualização geral. Os prasangikas, portanto, identificam como aflições muitos estados mentais desconsiderados por outras escolas budistas, da Madhyamaka Svatantrika para baixo. Isso significa que, para os prasangikas, todas as aflições são simplesmente formas de ignorância, a ilusão de se fixar na existência verdadeira? Tsongkhapa faz uma distinção entre a ilusão de se agarrar à existência verdadeira em si e aos estados mentais (como apego e aversão, que apenas possuem um elemento) e o ato de se agarrar à existência verdadeira. A primeira agarra-se à existência verdadeira não pelo poder de algum fator associado, mas por seu próprio poder. Em contraste, outros estados mentais aflitivos agarram-se à existência verdadeira não em razão de seu próprio poder, mas através do poder de um fator associado. Eles envolvem fixação na existência verdadeira, mas são definidos primariamente por outras características.

Em resumo, o nível bruto das aflições tem como causa a ilusão que se agarra à existência verdadeira, enquanto o nível sutil das aflições surge quando um estado mental junta-se a tal ilusão. O propósito da vacuidade é gerar o antídoto para essa fantasia. Visto que todas as aflições, tanto brutas quanto sutis, são movidas por tal devaneio, o antídoto para todas as aflições é contradizer de modo direto a perspectiva dessa fixação.

Tendo observado o propósito da vacuidade, voltemo-nos agora para o exame de sua natureza. O fracasso em reconhecer que, por si só, linguagem e conceitos não podem abranger o vazio de modo adequado à base para o entendimento errôneo da vacuidade. Se jamais saímos do domínio dos conceitos, é natural pensar na vacuidade como uma noção em meio a muitas. Quando se está confinado a essa esfera, é fácil ir da visão correta de que "tudo é vazio" para a perspectiva errônea de que "nada existe". O erro vem de se tomar a ausência de existência intrínseca de um objeto — sua natureza última — e fazer dessa natureza um objeto em si. Se a natureza última de tudo é uma ausência, prossegue o raciocínio, então nada deve existir. Mas a vacuidade distingue-se do objeto vazio apenas em nível conceitual, e não na realidade. Por esse motivo, a vacuidade é algo da verdadeira natureza que só pode ser experimentado pessoalmente e por si mesmo. Não pode ser plenamente transmitido para outra pessoa por meio de linguagem e conceitos.

Quando falamos de vacuidade, portanto, não pensamos nela como algum tipo de entidade absoluta que existe lá fora e por si. Estamos, sim, falando do modo elementar de ser, da maneira básica pela qual existe um fenômeno. Esse modo elementar de ser é coerente apenas em relação aos fenômenos individuais. É um equívoco pensar na vacuidade como se fosse absoluta e independente dos vários fenômenos que ela caracteriza. Entendê-la dessa forma é o que leva ao equívoco de interpretá-la como o nada.

Tendo discutido o propósito da vacuidade e sua natureza, o terceiro ponto levantado por Nagarjuna é que tais objeções surgem devido ao entendimento errôneo do *significado* da vacuidade. Para explicar o sentido correto do termo, ele alude a uma passagem do sutra intitulado *Questions of the Naga King Anavatapta* [Perguntas do rei naga Anavatapta], na qual o Buda explica: "Aquilo que surgiu na dependência de outros é não nascido".[35] Ele está afirmando que as coisas e os eventos não podem possuir originação intrínseca porque, como fenômenos, originam-se na dependência de outros fatores. São "não nascidos" no sentido de que não surgem de modo autônomo. Seu argumento é de que a vacuidade deve ser entendida em termos de originação dependente. Uma coisa com natureza inerente é, por definição, fechada em si ou independente, e não pode, portanto, estar sujeita à dependência. Existência intrínseca e natureza dependente são mutuamente excludentes. Assim, qualquer coisa que vem a existir na dependência de outros fatores deve ser destituída de existência inerente.

Em seu foco na negação da existência inerente, os textos do Madhyamaka fazem uso de muitos tipos de argumento. A alegação para a ausência de identidade e diferença, por exemplo, corta pela raiz a noção de existência inerente ao analisar se dois fenômenos relacionados são a mesma coisa ou não; o argumento "lascas de diamante" nega as quatro possibilidades de originação; e existem outros. Entretanto, todos esses, em última análise, devem convergir para o argumento da originação dependente, pois essa é, em última análise, a prova definitiva da vacuidade.

O significado de vacuidade é originação dependente.

Designação dependente

Expliquei anteriormente como o significado de originação dependente pode ser entendido como a dependência dos efeitos em relação a suas causas: se as coisas existissem intrinsecamente, então as causas e seus efeitos existiriam isolados uns dos outros, levando à conclusão absurda de que os efeitos não precisam de causas para surgir. Entretanto, do ponto de vista de Nagarjuna, o significado de originação dependente deve ser levado adiante e entendido não só como dependência causal, mas também como *designação dependente* — a noção de que a identidade de uma coisa pode ser concebida apenas na dependência de outros fatores, e não em (ou de) si mesma.

Por exemplo, todos os fenômenos que concebemos, tanto condicionados quanto não condicionados, podem ser entendidos em relação ao conceito do todo e suas partes — o elemento constituído e seus componentes. Qualquer coisa que seja constituída possui elementos componentes, e existe uma dependência mútua entre as partes e o todo. Podemos conceber as identidades de todos os fenômenos apenas em relação a tal dependência. Esse é um tipo de designação dependente.

Entretanto, Nagarjuna leva o tema a um nível ainda mais profundo de sutileza. Não só os fenômenos dependem de suas partes componentes, como, se investigarmos entre as partes, não conseguiremos encontrar nada a que possamos apontar e dizer: "Aqui está a coisa real, a caracterísica definidora". As coisas passam a ser conhecidas como específicas apenas com base em suas *bases designativas*. Designação dependente, então, significa que as coisas existem por meio de rotulação de uma base adequada ou por convenção mundana. Em outras palavras, dependem de sua designação pela mente que as concebe, porque, em última análise, todos os fenômenos são rótulos conceituais aplicados sobre agregados de certas bases. Sua identidade não pode ser separada da mente conceitual que os rotula.

Alguns mestres do Madhyamaka, embora concordem que os fenômenos existem por terem sido designados de acordo com o modo como aparecem à mente, aceitam a noção de um caráter autodefinidor no nível convencional. Em termos gerais, eles aceitam a designação dependente, mas, se analisarmos seu ponto de vista com cuidado, encontraremos uma suposição residual de algo que *pode* ser percebido pela mente, um resquício de existência objetiva. Mestres da filosofia Madhyamaka que rejeitam a noção de uma característica autodefinidora, mesmo no nível convencional, levantam a seguinte objeção: "Se tal conceito fosse verdadeiro, poderíamos simplesmente apontar para a coisa e dizer 'é isso'. Não podemos fazê-lo. As coisas podem parecer possuidoras de realidade objetiva, mas trata-se de mera projeção; tal realidade não pode ser encontrada pela análise e, portanto, não tem base, nem mesmo em termos convencionais". Dessa divergência de ponto de vista, surgiram diferenças de opinião, inclusive a questão sobre a possibilidade de a existência verdadeira — que é o objeto de negação — aparecer para as percepções sensoriais, ou de haver um sujeito comum mutuamente verificado.

Em todo caso, de acordo com Nagarjuna, quando procuramos uma essência, nada da parte do objeto consegue resistir à análise crítica e ser identificado como a coisa em si. O que quer que procuremos revelará uma natureza inteiramente dependente. Coisa nenhuma permanece à parte como uma entidade absoluta, singular e independente. Existem apenas duas maneiras de entender a condição ontológica, ou da existência, das coisas: ou como possuidora de algum tipo de realidade intrínseca, independente, objetiva, ou como designação dependente. Não há outra opção. Uma vez que a existência objetiva das coisas mostra-se insustentável, a única alternativa restante é a existência ou realidade nominal. Não se trata meramente de que as coisas não possam ser encontradas quando esquadrinhadas de maneira; elas existem em termos de designação dependente. E, mesmo essa existência com base na designação só pode ser postulada dentro de uma estrutura relativa. Não há nada que possua condição independente.

Se compreendemos a vacuidade como originação dependente, então o termo em si nega qualquer visão errônea da vacuidade como sendo o nada. Assim, o mestre Tsongkhapa escreveu em *Praise to Dependent Origination* [Louvor à originação dependente]:

"É por meio do raciocínio da originação dependente
que a pessoa não se inclina para um extremo."
O fato de você ter declarado isso de forma excelente é o motivo,
Ó Salvador, de você ser um orador insuperável.[36]

Conforme Tsongkhapa destaca aqui, o simples uso da expressão *originação dependente* tem o poder de dissipar tanto os extremos do absolutismo quanto os do niilismo. Isso porque o termo *dependente* dissipa o absolutismo, e o termo *originação* dissipa o extremo do niilismo, visto que não é ao nada que se refere, mas sim a algo que vem a existir. Todas essas questões sobre a possibilidade de a vacuidade implicar em niilismo só surgem quando se fracassa em entender a vacuidade em termos de originação dependente. Na estrofe 7, Nagarjuna afirma que os que alegam ser a vacuidade uma forma de niilismo fracassaram em avaliar o propósito da vacuidade, não compreenderam sua natureza de modo apropriado e falharam em entender seu significado.

Distinguindo de modo apropriado

A questão que surge é: ainda que de fato nada possua existência inerente, nossas experiências no dia a dia sugerem que as coisas possuem algum tipo de realidade objetiva? Tocamos, sentimos e vemos coisas. Quando em contato com algumas delas, sentimos dor. Outras provocam sensações prazerosas. É natural relacionar-se com o mundo e seus elementos como se tivessem algum tipo de natureza objetiva intrínseca. Para os realistas, essa é a prova mais poderosa de que as coisas devem possuir realidade intrínseca: a tangibilidade dos objetos, a vividez da experiência.

A essa questão, Nagarjuna responde "sim": no nível da aparência experimentamos diversos fenômenos e tendemos a perceber as coisas e os eventos como se possuíssem realidade intrínseca. Ele não nega a vívida autenticidade de nossas experiências convencionais. Mas sua realidade subjacente é outra coisa. Existe uma lacuna entre nossas percepções e a realidade. É aí que Nagarjuna apresenta as duas verdades, a convencional e a absoluta.

8. O ensinamento do Buda acerca do Dharma
   é inteiramente baseado nas duas verdades —
   a verdade da convenção mundana
   e a verdade absoluta.

9. Aqueles que não entendem
   a distinção entre as duas verdades
   não entendem
   o profundo ensinamento do Buda.

10. Sem uma base na verdade convencional,
    a verdade absoluta não pode ser ensinada;
    sem entendimento da verdade absoluta,
    o nirvana não será atingido.

No contexto da verdade convencional — o mundo dos constructos conceituais — faz-se uma distinção entre convenções reais e irreais. Embora não exista nada que não seja designado pela mente, isso não significa que qualquer coisa postulada pela mente existe. Em outras palavras, o fato de podermos invocar algo com nossa mente não torna tal coisa real. Esse é um ponto extremamente importante. Precisamos distinguir entre o que é e o que não é real no nível convencional.

Como fazemos tal delimitação? Se algo que sabemos em termos convencionais é invalidado ou contradito por outra experiência válida, seja uma vivência nossa, seja de outra pessoa, então se trata de algo irreal. Numerosas percepções produzidas por desvios sensoriais — tal como a impressão de ver fios caindo, provocada por um distúrbio oftalmológico — não existem sequer no nível convencional. De modo semelhante, podemos adotar conceitos por meio de especulação filosófica ou outros tipos de pensamento arbitrário passíveis de invalidação por um conhecimento convencional distinto. Pressuposições adotadas mediante uma investigação incompleta da condição ontológica das coisas podem ser invalidadas pela análise definitiva.

Resumindo: para que algo seja postulado como existente em termos convencionais, deve preencher os três seguintes critérios:

1. Ser familiar à convenção mundana.
2. Não ser anulado por outro conhecimento convencionalmente válido.
3. Não ser invalidado por análise definitiva.

Isso pode ser um pouco confuso, mas é possível entender melhor se o relacionarmos à nossa experiência pessoal. Por exemplo, às vezes as pessoas nos perguntam sobre algo que vimos. Podemos dizer: "Sim, é verdade. Eu vi. Não só vi, como examinei com cuidado e me certifiquei de que o que pensei ter visto estava certo". Quando vemos alguma coisa, examinamos isso com cuidado e acreditamos ser verdade, e, então, se uma segunda pessoa verifica o mesmo, pode-se dizer que se trata de algo real no sentido convencional.

Por outro lado, poderíamos ter visto algo que, sob exame minucioso, se revelasse diferente do que pensávamos ser. Ou podemos insistir que algo seja determinada coisa mesmo sem termos examinado com cuidado, e depois vem uma segunda pessoa que não consegue ratificá-lo. Trata-se de uma indicação de que nossa percepção inicial não era verdadeira e de que o que vimos era irreal. Além disso, alguns pontos afirmados por filósofos podem se apoiar na convenção válida, mas mostrar-se inválidos mediante investigação da verdade última das coisas. Assim, sob a perspectiva da convenção mundana, as coisas ditas reais são aquelas que não podem ser invalidadas por nosso exame subsequente, pelo conhecimento correto de uma segunda pessoa ou por uma análise definitiva.

11. Ao ver a vacuidade de modo errado,
    uma pessoa de pouca inteligência é destruída,
    como uma cobra capturada de forma incorreta
    ou um encantamento lançado de maneira equivocada.

12. Assim, sabendo que é difícil
    penetrar na profundeza desse ensinamento,
    o pensamento do Buda evitou
    ensinar esse Dharma [profundo].

13. Você levantou objeções falaciosas.
    Visto que não são relevantes para a vacuidade,
    suas [objeções] a partir da renúncia
    da vacuidade não se aplicam a mim.

A seguir, como um grande resumo, Nagarjuna escreveu:

14. A quem a vacuidade é sustentável,
    para ele tudo torna-se sustentável;
    a quem a vacuidade é insustentável,
    para ele tudo torna-se insustentável.

Baseado nesse raciocínio, referindo-se às objeções dos realistas, ele escreveu:

15. Quando você joga sobre nós
    todas as suas próprias faltas,
    é como um homem que anda a cavalo
    e esquece onde o cavalo está!

Nas estrofes seguintes, ele lança todas as objeções levantadas à escola Madhyamaka à luz das proposições dos budistas realistas:

16. Se você vê a existência das coisas
    em termos de natureza intrínseca,
    então as vê
    como se não possuíssem causas nem condições.

17. Efeitos e suas causas;
    agente, ação e objeto da ação;
    surgimento e desintegração;
    você arruína tudo isso também.

Mais uma vez, o ponto é que a existência inerente e a dependência causal são mutuamente excludentes. Se alguma coisa possui natureza inerente, ela é completa em si mesma, não conta com nenhum processo causal. Um processo causal implica em suscetibilidade para ser efetuado; mas, se uma coisa é totalmente fechada e completa em si mesma, ela não pode interagir com outros fenômenos. Nagarjuna está dizendo, portanto, que quem insiste na existência intrínseca das coisas, está, por conseguinte, sustentando que as coisas não têm causas nem condições.

O ponto destacado por Nagarjuna é que todos esses conceitos são termos relativos e, por isso, só podem ser entendidos de modo coerente dentro de um contexto relativo, com um ponto de referência específico. Por exemplo, quando dizemos que algo é nocivo ou benéfico, o ponto de referência é um ser senciente para quem algo é nocivo ou benéfico. De modo semelhante, quando dizemos "ação", o ponto de referência é o agente que comete o ato. Quando dizemos "um agente", nós o fazemos em relação à ação executada. A concepção de todas essas coisas só pode ocorrer dentro do contexto relativo. Se você sustentasse a existência inerente, por conseguinte rejeitaria a causa, o efeito e a possibilidade de mudança; e nenhum desses termos poderia ser mantido de modo coerente.

Na estrofe 18, Nagarjuna reafirma que o verdadeiro significado de vacuidade é originação dependente:

18. O que quer que seja originado de modo dependente
    é explicado como sendo vacuidade.
    Assim, pelo fato de ser uma originação dependente,
    é o próprio Caminho do Meio.

19. O que não é originado de modo dependente,
    tal coisa não existe.
    Portanto, o que não é vazio,
    tal coisa não existe.

Aqui, a originação dependente é entendida não em termos de causas e efeitos, mas de designação dependente. A partir dessa perspectiva, todos os fenômenos — tanto condicionados quanto não condicionados — originam-se de modo dependente e são, por consequência, vazios. Originação dependente é, portanto, o verdadeiro Caminho do Meio (*Madhyamaka*) e o significado essencial dos ensinamentos do Buda.

Falhas na posição existencialista

Da estrofe 20 em diante, Nagarjuna refuta todas as objeções dos "existencialistas" — aqueles que acreditam na existência intrínseca — à visão do Madhyamaka e levanta suas réplicas à proposição existencialista. Primeiro, até a estrofe 27 Nagarjuna mostra que, em um sistema que nutre a crença na existência intrínseca, os preceitos das quatro verdades nobres não podem ser mantidos.

20. Se tudo isso não é vazio,
 nem originação, nem desintegração,
 sucede-se então que, para você,
 as quatro verdades nobres não existem.

21. Se as coisas não são originações dependentes,
 como o sofrimento vem a existir?
 Foi ensinado que o sofrimento é impermanente,
 como pode então existir a partir de sua natureza intrínseca?

22. Se as coisas existem a partir de sua natureza intrínseca,
 qual é então a origem do sofrimento?
 Portanto, para aquele que faz objeção à vacuidade,
 não existe a origem do sofrimento.

23. Se o sofrimento existisse de modo inerente,
 não haveria cessação.
 Uma vez que a natureza intrínseca subsiste,
 arruína-se a verdadeira cessação.

24. Se o caminho possuísse existência inerente,
 o cultivo se tornaria impossível.

Uma vez que o caminho de fato é cultivado,
não pode ter sua natureza intrínseca.

25. Agora, se o sofrimento, sua origem
e cessação são inexistentes,
por qual caminho se pode buscar
a cessação do sofrimento?

26. Se o desconhecimento vem a existir
através de sua natureza intrínseca,
como pode surgir o conhecimento?
A natureza intrínseca não subsiste?

27. De modo semelhante, assim como é com o conhecimento,
sua renúncia, efetivação,
cultivo e os quatro frutos
se tornarão insustentáveis.

Até esse ponto, Nagarjuna demonstrou como as quatro verdades nobres tornam-se insustentáveis para alguém que concorda com a noção de existência inerente. Ele apresentou de que forma a hipótese de as quatro verdades nobres serem insustentáveis torna igualmente sem fundamento os quatro frutos (ou seja, as quatro percepções), bem como as quatro pessoas que os obtêm e os quatro indivíduos que entram nos caminhos que levam até eles, os frutos. Caso isso aconteça, as Três Joias — a Sangha, o Dharma e o Buda — também se tornam insustentáveis. Por isso, Nagarjuna escreveu:

28. Para você que apoia a natureza intrínseca,
os frutos já teriam sido percebidos
através de sua natureza intrínseca;
então, de que modo poderiam ser obtidos?

29. Sem os frutos, não haveria aquele que obtém os frutos;
também não haveria aqueles que entram.

E, se os oito tipos de pessoas não existissem,
não haveria uma comunidade espiritual.

30. Dado que as quatro nobres verdades não existam,
o Dharma sublime também não existe;
Se o Dharma e a comunidade espiritual não existem,
como pode vir a haver um Buda?

31. Para você, sucederia que um Buda
surgiria sem depender da iluminação,
e, para você, a iluminação surgiria
sem depender do Buda.

32. Para você, uma pessoa não iluminada
por meio de sua natureza intrínseca,
mesmo que praticando o caminho da iluminação,
não poderia atingir a iluminação.

A seguir, Nagarjuna demonstra de que forma a distinção entre ações morais e imorais — ou seja, a distinção entre ações nocivas e benéficas — se tornaria insustentável caso as ações possuíssem existência intrínseca. Em resumo, ele argumenta que toda a lei moral do carma se despedaçaria se as coisas existissem de modo intrínseco. Por isso, escreveu:

33. Ninguém jamais poderia executar
ações morais ou imorais;
se as coisas não fossem vazias, o que se poderia fazer?
Na natureza intrínseca não existe atividade.

34. Para você, sucede que os efeitos surgiriam
sem ações morais ou imorais [correspondentes].
Assim, para você, os efeitos que vêm a existir
de ações morais e imorais não poderiam existir.

estabelecendo a verdade convencional | 105

35. Se, para você, os efeitos provenientes de
ações morais e imorais existem,
por que então esses efeitos provenientes de
ações morais e imorais não são vazios?

Apenas a vacuidade faz sentido

Nagarjuna agora levanta uma objeção mais ampla à proposição realista, mostrando como a inteligibilidade da experiência em si não é possível em um mundo onde as coisas existem em virtude de uma natureza intrínseca.

36. Aquele que rejeita essa vacuidade
da originação dependente
igualmente arruína
todas as convenções mundanas.

37. Pois, se a própria vacuidade for rejeitada,
não sobrarão funções;
haveria ações não iniciadas,
e haveria agentes sem ações.

38. Se houvesse existência intrínseca, o mundo inteiro
seria não surgido, não desintegrante
e duraria por toda a eternidade,
desprovido de estados variáveis.

39. Se não existissem coisas vazias,
a obtenção do que não é obtido,
o término do sofrimento, bem como o carma
e a eliminação das aflições não existiriam.

Se desposamos a crença na existência intrínseca, então nada, nenhum conhecimento convencional, pode ser sustentado de modo coerente. Por exemplo, se analisarmos os conceitos que usamos no cotidiano, verificaremos que um bocado de nossas experiências é baseado em memórias de coisas que já ocorreram. De modo semelhante, muitos dos termos que adotamos e das ideias que vêm com eles são construídos com base em algum futuro antecipado. Nesse sentido, nossa realidade convencional e os termos e linguagem que a definem surgem condicionados pela memória do passado e pela antecipação do futuro, compostos de entidades e pessoas que existem e que mudam com o tempo.

Nagarjuna argumenta que, se nosso entendimento do mundo é construído na dependência de memórias e expectativas, então nossa realidade não pode ser composta de entidades autônomas, existentes de modo inerente. Se assim fosse, o conceito de todas essas funções e ações que damos por garantidas não teria coerência real. Do mesmo modo, Nagarjuna prossegue, em um mundo que existe de modo inerente, os seres jamais mudariam com o tempo e as realizações espirituais não seriam possíveis.

Em conclusão, Nagarjuna resume que apenas os que entendem ser a originação dependente o verdadeiro significado da vacuidade compreendem a real natureza do sofrimento e, portanto, são capazes de sustentar de modo coerente os ensinamentos das quatro verdades nobres: o sofrimento, sua origem, a cessação e o caminho. Assim, resumindo todos os pontos críticos apresentados, Nagarjuna escreveu:

> 40. Quem quer que veja a originação dependente
> vê [a verdade do] sofrimento,
> sua origem e cessação,
> e o caminho [para a cessação].

Esse é o capítulo 24, que trata da análise das quatro nobres verdades, de *Fundamental Wisdom of the Middle Way*, de Nagarjuna, e aqui termina a primeira parte de nossa exploração.

Para investigar o método de se colocar esses ensinamentos em prática, voltaremos nossa atenção agora para outro texto inovador.

Parte II

UMA INVESTIGAÇÃO DOS
TRÊS ASPECTOS PRINCIPAIS DO CAMINHO,
DE TSONGKHAPA

5.
Praticando o profundo

Até aqui, apresentei a estrutura básica do caminho budista com base em uma explanação dos três capítulos cruciais de *Fundamental Wisdom of the Middle Way*, de Nagarjuna. Avançaremos agora para a segunda parte, que discute sobre como juntar todos esses entendimentos dentro de uma estrutura de prática efetiva do Dharma. Explicarei isso pautado no texto curto de Tsongkhapa, *Três aspectos principais do Caminho*. Os três aspectos que Tsongkhapa aborda em seu texto são a renúncia verdadeira, a mente altruísta do despertar (*bodhichitta*) e a visão correta da vacuidade.

Uma fundação firme

Retornando rapidamente à prece que escrevi, *Louvor a dezessete mestres de Nalanda*, em um trecho anterior, lemos:

> Pelo entendimento das duas verdades, o modo como as coisas existem,
> Vou averiguar como, através das quatro verdades, entramos e saímos do samsara;
> Consolidarei a fé nas Três Joias, nascida da argumentação válida.
> Possa eu ser abençoado de modo que a raiz do caminho da liberação seja firmemente estabelecida em mim.

Se desenvolvermos um entendimento profundo do significado do Dharma a partir de uma intensa reflexão sobre as lições a respeito dos doze elos e da visão da vacuidade, apresentadas nos capítulos anteriores, plantaremos a semente da liberação dentro de nossa mente. Claro que começamos com um entendimento intelectual derivado do estudo, mas, uma vez que tenhamos alguma compreensão racional sobre a importância da vacuidade, começaremos a vislumbrar a possibilidade de nos libertarmos da existência cíclica. A possibilidade de nirvana, ou liberação, e os métodos para atingi-lo se tornarão mais reais para nós, mais tangíveis.

Com esse tipo de entendimento, conseguimos uma percepção mais profunda do significado do Dharma. É a verdadeira cessação das aflições. O caminho que leva a isso também é o Dharma. Uma vez que tenhamos maior entendimento acerca do significado da Joia do Dharma, conheceremos mais profundamente o significado da Sangha, que corporifica a realização do Dharma em diferentes níveis de experiência. E, com esse tipo de compreensão, poderemos divisar uma verdadeira Joia do Buda, que representa percepção e conhecimento perfeitos acerca do Dharma. Assim, desenvolvemos uma intensa fé nas Três Joias, fundamentada em um entendimento profundo de sua natureza. Dessa maneira, estabelecemos as bases do caminho para a liberação.

Se tivermos tal entendimento profundo da natureza das Três Joias, fundamentado na firme compreensão dos preceitos sobre as quatro verdades nobres e baseado em um entendimento da vacuidade, reconheceremos de fato a natureza não iluminada de nossa existência. Quando, com base nisso, desenvolvemos uma determinação verdadeiramente sincera e uma aspiração genuína de que sejamos libertos dessa ignorância, isso é a *renúncia verdadeira*. É também um desejo real pela liberação.

Uma vez que tenhamos efetuado a realização da renúncia e redirecionado nosso foco para os outros seres sencientes, refletindo sobre sua situação de sofrimento, isso levará à realização da grande compaixão. À medida que ampliamos o cultivo da grande compaixão, ela adquire um tremendo sentido de coragem e responsabilidade. Nesse ponto, é conhecida como *compaixão extraordinária*, ou *resolução altruísta extraordinária*. Quando essa compaixão for ainda mais desenvolvida, culminará na realização de *bodhichitta*, a mente altruísta do despertar, dotada de duas aspirações: ocasionar o bem-estar dos outros e perseguir o estado de buda com esse objetivo. Essa é a progressão através da qual realizamos a genuína bodhichitta.

Uma abordagem sistemática

Você pode ver que a base de bodhichitta — e de todas as conquistas no budismo — é a renúncia verdadeira. Entretanto, a realização da renúncia só pode surgir de um treinamento sistemático gradual, através de uma série de práticas progressivas. No primeiro estágio, cultiva-se vários métodos para diminuir a preocupação excessiva com os interesses desta vida. Uma vez que se tenha obtido isso, treina-se práticas para superar a preocupação excessiva com os interesses das vidas futuras. Com essas práticas, gera-se, gradualmente, uma aspiração genuína para atingir a liberdade da existência cíclica.

Nas obras de Asanga, mestre do século IV, são usados diversos termos para se referir a praticantes de diferentes níveis: praticantes de estágios iniciais, intermediários, avançados e assim por diante. É com base na distinção de Asanga quanto aos níveis de prática que Atisha (982-1054), em sua obra *Lâmpada para o caminho da iluminação* (*Bodhipathapradipa*), apresenta o conjunto de elementos do caminho do Buda no âmbito das práticas das três esferas: inicial, intermediária e avançada.

A abordagem sequencial de Atisha chegou às quatro escolas principais do budismo tibetano. Na tradição Nyingma, por exemplo, Longchenpa (1308-1364), em especial no texto *Mente em sossego*, apresenta uma sequência sistemática para a estrutura básica do caminho em termos do que é chamado de "afastar a mente das quatro atitudes falsas", e encontramos o mesmo ponto de vista em seu *Tesouro da joia que realiza desejos*.[37] Na tradição Kagyü, o *Ornamento precioso da liberação*, de Gampopa (1079-1153), apresenta uma abordagem sistemática gradual semelhante em relação ao caminho, pela qual o treinamento da mente é apresentado em termos dos quatro pensamentos que voltam a mente para o Dharma. Também encontramos uma perspectiva similar na tradição Sakya, nos ensinamentos sobre caminho e fruição (*lamdré*), em que a ênfase é colocada na superação metódica e progressiva das aparências e de tudo o mais. *Esclarecendo a intenção do Buda*, de Sakya Pandita (1182-1251), também adota abordagem semelhante. Por fim, a escola Geluk — com suas lições sobre os estágios do caminho da iluminação (*lamrim*) — segue explicitamente a visão de Atisha.

Desse modo, podemos ver que, em termos gerais, a abordagem sistemática de se treinar a mente para primeiro reconhecer o valor da existência humana, depois cultivar a renúncia e assim por diante, apresentada nas quatro escolas principais do budismo tibetano, baseia-se na sequência apresentada na *Lâmpada para o caminho da iluminação*, de Atisha.

Se observarmos nossa própria experiência, também poderemos ver o valor da abordagem sistemática para a prática. Por exemplo, se refletirmos com cuidado, reconheceremos que, para desenvolver uma aspiração genuína pela libertação da existência cíclica, o nirvana, temos que achar um jeito de superar o apego às excelências ou prazeres da existência não iluminada. Enquanto não tivermos aquele real senso de afastamento das qualidades e riquezas da existência cíclica, o desejo de liberação jamais será verdadeiro. Isso sugere que devemos achar um jeito de distanciar nossa mente do interesse pelos destinos de nossa condição no samsara. Para demover nossa mente da preocupação com os interesses de uma vida futura, precisamos antes de tudo ter condições de afastá-la da obsessão pelos assuntos desta vida. Pois, para começar, se estivermos totalmente absortos nos interesses desta vida, o anseio por um futuro melhor em uma dimensão vindoura não surgirá.

A maneira como abreviamos essa preocupação excessiva é refletindo profundamente sobre a impermanência e a natureza transitória da vida. Quando refletimos sobre a temporariedade da vida, o pensamento sobre os cuidados com nosso destino futuro torna-se mais importante. De modo semelhante, a preocupação excessiva com os interesses de vidas futuras é diminuída pela reflexão sobre causa e efeito cármicos, e em particular sobre os defeitos da existência cíclica.

Em termos de fontes textuais antigas para essa abordagem sistemática do treinamento da mente, podemos citar *Four Hundred Stanzas on the Middle Way*, de Aryadeva, que foi um importante aluno de Nagarjuna e cuja obra começa com a promessa da composição, antes de mergulhar no cerne da apresentação. É significativo notar que não existe o costumeiro verso de saudação, pois Aryadeva pretendeu que a obra fosse um suplemento das *Estrofes fundamentais sobre o Caminho do Meio*, de Nagarjuna.

Em *Four Hundred Stanzas on the Middle Way*, Aryadeva escreve o seguinte:

> Primeiro, devemos cessar os atos demeritórios;
> segundo, devemos cessar a [fixação na] condição do eu;
> e, finalmente, devemos cessar a [fixação em] todas as visões.
> Aquele que conhece tal caminho é verdadeiramente sábio.[38]

Essa estrofe apresenta a ordem sistemática para a prática do treinamento da mente.

Em termos gerais, Tsongkhapa redigiu três textos importantes sobre os estágios do caminho para a iluminação (*lamrim*): *The Great Treatise on the Stages of the Path to Enlightenment*, o *Tratado médio sobre os estágios do caminho*, e a versão mais curta, *Linhas de experiência*.[39] Todos esses textos sobre os estágios do caminho mais uma vez apresentam uma ordem sistemática de treinamento da mente. Por exemplo, começam com a contemplação do valor e do potencial da existência humana, dotada de oportunidades e lazeres não permitidos aos reinos inferiores de existência. Segue-se a isso a contemplação da certeza e da morte e de sua iminência — a natureza transitória da vida, que é então seguida pela busca de refúgio nas Três Joias, e depois por seu preceito, que é viver de acordo com a lei cármica de causa e efeito. Juntas, essas contemplações e ações apresentam um conjunto completo de práticas para os adeptos da esfera inicial de aspiração.

Em certo sentido, nos textos do lamrim, o conjunto específico de práticas correspondentes a cada pessoa — seja de esfera inicial, intermediária ou avançada — pode ser visto como completo em si mesmo. Sendo assim, o trecho sobre a esfera inicial, por exemplo, apresenta todos os elementos do caminho necessários para se cumprir a aspiração espiritual dessa esfera, a saber, a obtenção de um renascimento favorável.

Do mesmo modo, a esfera intermediária, que inclui a inicial, contém todas as práticas necessárias para se atingir sua meta, que é a liberação da existência cíclica. Por fim, as práticas da esfera avançada, quando combinadas com as das duas esferas precedentes, são suficientes para levar o praticante à meta da iluminação completa.

O texto curto de que estamos tratando aqui, os *Três aspectos principais do Caminho*, embora pertencente ao gênero dos estágios do Caminho, apresenta alguns elementos das práticas em ordem ligeiramente diferente. Por exemplo, a meditação sobre o carma é apresentada no contexto da superação de preocupações com os interesses de vidas futuras.

Renúncia

Agora vamos ler o texto de Tsongkhapa, que, como de costume, inicia-se com uma saudação:

Homenagem aos professores mais veneráveis!

Esse cumprimento abrange a prática de confiança apropriada em um professor espiritual qualificado, que é o alicerce para todas as qualidades superiores não só desta vida, mas também de vidas futuras. A saudação é feita aos professores para enfatizar esse ponto.

A seguir, na primeira estrofe, lemos:

1. Explicarei aqui da melhor forma que puder
    os pontos essenciais de todas as escrituras do Conquistador,
    o caminho aclamado por todos os excelentes bodhisattvas,
    a entrada para os afortunados que aspiram pela liberação.

Nessa estrofe, o autor promete redigir o texto. Na segunda estrofe, incita aqueles de carma afortunado a escutar o que ele está apresentando. Tsongkhapa escreveu:

2. Aqueles que não estão apegados às alegrias da existência cíclica,
   que se esforçam para tornar significativa esta vida de lazer e
   oportunidades
   e que depositam sua confiança no caminho que agrada os
   conquistadores —
   Ó, afortunados, escutem de coração aberto.

As três estrofes seguintes apresentam o primeiro aspecto principal do caminho: a renúncia verdadeira. A terceira explica a importância de se cultivá-la. A quarta apresenta o método efetivo para tanto. E a quinta estrofe apresenta o sistema de medida, ou os critérios, para avaliar a renúncia verdadeira. Esses três aspectos da prática — importância, método efetivo e mensuração do sucesso — também devem ser aplicados na apresentação da mente altruísta do despertar (*bodhichitta*) nos versos subsequentes. Na terceira estrofe, lemos:

3. Sem renúncia pura, não há jeito de pacificar
   o anseio pelas alegrias e pelos frutos do oceano do samsara;
   visto que a ânsia pela existência nos acorrenta por completo,
   busque primeiro a renúncia verdadeira.

Agora, a expressão "renúncia verdadeira" enfatiza o tipo específico de desprendimento buscado aqui. Até os animais afastam-se de experiências dolorosas óbvias e sentem repulsa por tal sofrimento. Isso não é renúncia verdadeira. Do mesmo modo, meditantes que anseiam por nascer nos reinos da forma e da não forma podem rejeitar a atração por sensações prazerosas e alegres — o segundo nível de sofrimento, o da mudança — em favor de um estado de neutralidade total. Entretanto, isso também não é renúncia verdadeira. A renúncia de que estamos falando aqui é um pensamento que se afasta até mesmo do terceiro nível de sofrimento, o do condicionamento difuso. Aqui, é preciso reconhecer profundamente nosso condicionamento difuso como uma forma de sofrimento, e também perceber que a raiz desse condicionamento é a ignorância fundamental. Assim, a *renúncia verdadeira* é um estado da mente que, de maneira genuína e intensa, aspira libertar-se da servidão à ignorância. Esse estado mental é fundamentado em um entendimento pelo raciocínio e também impulsionado pela sabedoria.

Às vezes, as pessoas confundem renúncia com a condição de estar farto da vida. Quando elas lutam por sucesso no mundo e fracassam, metendo-se em todos os tipos de problemas, ficam desencorajadas e, movidas pelo desespero, dizem que estão renunciando a tudo. Não é desse tipo de renúncia que estamos falando. Isso é derrotismo. A renúncia verdadeira é embasada em um arraigado entendimento da natureza do sofrimento e da existência cíclica. De fato, o mantra do Buda Shakyamuni, *Om muni muni mahamuniye svaha*, invoca "o Habilidoso, o Grande Habilidoso". Um ser iluminado tem grande capacidade de de atingir uma meta e tem alto grau de confiança nisso. Não é uma confiança ou fé ingênua, mas, sim, embasada em entendimento e conhecimento. Assim, a renúncia budista verdadeira não é a de uma pessoa desanimada que se sente impotente e suspira: "Estou tão cansado! Pobre de mim!".

Nessa estrofe ele declara: "Visto que a ânsia pela existência nos acorrenta por completo...". Isso aponta para algo que discutimos antes: de que maneira o anseio e a fixação reativam nossos potenciais cármicos e os levam a um estado fértil, dando origem, então, a outro renascimento na existência cíclica. Falamos sobre o modo pelo qual o renascimento seria impossível se o potencial cármico não fosse reativado e amplificado pelo anseio e fixação. O ponto aqui é que o anseio e a fixação, como extensões da ignorância, são os criadores de nosso renascimento. É por isso que, quando as escrituras listam os atributos de uma pessoa verdadeiramente espiritual, a liberdade do apego é citada primeiro, pois são o apego e o anseio que nos ligam à existência cíclica.

Quanto ao método efetivo de se cultivar a renúncia verdadeira, lemos:

4a–b. A partir do cultivo da atitude que julga ser esta vida humana
muito difícil de se encontrar
e crê que não temos tempo a perder, as preocupações com esta
vida cessarão.

O ponto aqui é que, conforme discutimos nos capítulos anteriores, uma aspiração genuína pela liberação só surgirá com base em um entendimento profundo das quatro verdades nobres, e isso, por sua vez, provém de se contemplar e refletir intensamente sobre a dinâmica causal do nascimento dentro do samsara. Isso sugere que, a fim de se produzir uma renúncia genuína, a aspiração pela liberação, é preciso um bocado de reflexão (pensamento e contemplação). Obviamente, não basta apenas ter nascido como ser humano. É preciso empenhar a mente e a inteligência nesses processos de pensamento. Só então a renúncia verdadeira surgirá no interior do indivíduo.

Pode ser difícil de se realizar a renúncia verdadeira como ser humano, mas, para outros tipos de seres, é quase impossível cultivá-la. A partir dessa perspectiva, podemos ver o tremendo valor representado por nossa existência como seres humanos. E a existência humana não só é dotada dessa capacidade de reflexão, como a oportunidade que ela nos concede de buscar tais realizações é verdadeiramente rara. Desse modo, percebemos a importância de se refletir sobre o valor e a preciosidade da existência humana.

Quando entendermos dessa forma a abordagem do treinamento sistemático, apreciaremos o que encontramos no *Ornamento precioso da liberação*, de Gampopa, no qual ele diz que a base de nossa prática é a natureza de buda (*tathagatagarbha*) — a essência ou semente do estado de buda que todos os seres possuem. A teoria sobre o estado búdico afirma que todos nós possuímos o potencial para alcançá-lo; todos nós somos potencialmente capazes de remover as contaminações mentais e atingir a mente de sabedoria perfeita do Buda. Desse modo, a natureza de buda, o potencial inato para o estado búdico, é realmente a base, ou alicerce.

Com base nisso, é preciso que certas condições se reúnam para que nosso caminho tenha êxito. A condição interna de que precisamos é o nascimento como ser humano. A externa é a associação a um mestre espiritual qualificado. Quando as duas condições, interna e externa, encontram-se sobre o alicerce, que é a natureza de buda, temos a oportunidade de superar e remover gradativamente todas as contaminações da mente, das mais óbvias às mais sutis. Mais uma vez, vemos por que é crucial nutrir a oportunidade a nós concedida por nossa existência humana e tornar a contemplação da preciosidade dessa existência um elemento importante de nossa prática. De modo semelhante, visto que a condição externa (encontrar um professor qualificado) é crítica, torna-se muito importante cumpri-la.

Um professor qualificado

As qualificações de um professor variam dependendo do contexto. Por exemplo, os textos sobre disciplina monástica apresentam um conjunto de qualidades para um professor, e, caso se trate de adotar preceitos de disciplina ética, é preciso assegurar-se de que a pessoa que se busca como mestre possui as qualidades básicas descritas nos textos do Vinaya. De modo semelhante, os escritos de ensinamentos gerais do Mahayana também listam qualificações específicas para mentores. Por exemplo, o texto *Ornament of Mahayana Sutras*, de Maitreya, lista dez qualidades de um professor dessa tradição.[40] E, dentro dos ensinamentos do Vajrayana, cada uma das quatro categorias do tantra apresentam atributos específicos exigidos de um professor qualificado. É preciso assegurar-se de se estar familiarizado com as qualidades essenciais de um mentor e de que a pessoa que se pretende ter como tal possui essas qualidades. Por exemplo, um professor deve ter disciplina ética, mente pacífica e conhecimento das escrituras. Deve, igualmente, ter *insight* genuíno sobre o que está ensinando e, no mínimo, estar mais avançado que o aluno no que tange ao tema ensinado. Até que se alcance certa convicção de que a pessoa a quem se deseja tomar como professor possui tais qualidades, é preciso submetê-la a escrutínio, a exame. Nesse ínterim, caso se necessite de conselhos, o relacionamento deve ser mais como o de colegas envolvidos em diálogo e discussão, e não como o de professor e discípulo no sentido formal. Do contrário pode haver problemas, como tem acontecido ultimamente. É bom ter cuidado.

Quanto ao professor, Tsongkhapa afirmou de modo enfático, em seu *The Great Treatise*, que, se a pessoa não é disciplinada, simplesmente não poderá induzir disciplina na mente dos outros.[41] Se você não domesticou sua mente, não pode domar a mente dos outros. Portanto, aqueles que aspiram ensinar e ajudar os outros devem primeiro domar sua própria mente. Membros da Sangha que usam as vestes monásticas e dirigem centros budistas precisam, em especial, assegurar-se de estar à altura como exemplos de praticantes genuínos e membros da ordem budista.

A seguir Tsongkhapa explica o processo pelo qual precisamos disciplinar a mente. Esse processo, diz ele, deve estar baseado na abordagem geral da estrutura do caminho do Buda. Conforme ele esclarece, a "estrutura geral" são os três ensinamentos superiores — as práticas de moralidade, meditação e sabedoria. É com base nisso que devemos primeiro disciplinar nossa própria mente.[42]

Digamos que alguém monte um centro budista, e esse centro torne-se apenas um meio de ganhar a vida. Isso é verdadeiramente perigoso. De modo semelhante, se um centro torna-se veículo apenas para juntar dinheiro, também não é bom. Isso me faz lembrar da autobiografia de um lama Nyingma de Kongpo chamado Tselé Natsok Rangdröl. Além de monge, era um grande praticante da tradição. Na autobiografia, ele menciona que, no Tibete, o principal meio para ir de um lugar a outro era o cavalo. E conta que ainda muito jovem abriu mão de montar cavalos por compaixão pelos animais. Ele sempre caminhava de um lugar a outro. Posteriormente, também abriu mão de comer carne. Como era um lama com um título, em qualquer lugar que fosse muitas pessoas — devotos — lhe faziam ofertas. Ele sentiu que, de certo modo, estava se tornando um mercador de ensinamento espiritual. Por isso, passou a fazer questão de não aceitar nenhuma oferta em troca dos ensinamentos que dava. Ele estabeleceu um exemplo verdadeiramente notável.

Há muitos anos, passei a recusar todo tipo de oferta pelas lições que dou. Antes disso, era costume fazerem contribuições a mim ao término de um ensinamento, mas não preciso de nenhum dinheiro para mim mesmo — não tenho nada em que gastar. Antes, eu dividia a oferta entre várias causas e projetos merecedores. Quando fazia isso, às vezes me esquecia de projetos importantes, e as pessoas sentiam-se deixadas de lado e decepcionadas, pensando: "Ó, o Dalai Lama não deu nada para *nós*, deu para *eles*". Aquilo estava se tornando uma labuta, uma responsabilidade desnecessária, e uma dor de cabeça, causando preocupação sobre quem devia ganhar o dinheiro. Então, deixei claro que não quero receber nenhuma contribuição e, desse modo, acabei com tal fardo extra. Em vez disso, os organizadores devem empenhar-se em manter os preços dos ingressos baixos para que mais pessoas tenham condições de se beneficiar dos ensinamentos. Se as pessoas querem doar para diferentes causas, não têm que fazer isso através de mim.

Benefício para além desta vida

Assim, lemos na estrofe anterior que "esta vida humana muito difícil de se encontrar". Isso refere-se à preciosidade ou raridade da existência humana já mencionada. Em termos gerais, quanto maior a qualidade de alguma coisa, mais raras suas causas e condições. A existência humana é extremamente rara, é muitíssimo difícil compilar suas causas. Não só isso, como nossas vidas também são transitórias, pois a morte é certa; ainda por cima, o momento em que morreremos é imprevisível. Dessa forma, precisamos refletir sobre a certeza da morte e a imprevisibilidade de sua ocasião, e também devemos reconhecer que, na hora da morte ou depois dela, nada que tivermos feito além da prática do Dharma irá nos beneficiar.

Como vimos na discussão sobre os doze elos da originação dependente, os atos conscientes atuam como repositório para os potenciais criados por nossas ações passadas de corpo, fala e mente. Quando uma ação cármica é cometida, o evento cessa, mas deixa uma marca na consciência. As marcas são carregadas através das vidas e, quando deparam com as condições certas, são ativadas, intensificadas, e dão frutos.

Assim, quando nos referimos ao Dharma ao dizer que "apenas o Dharma irá nos beneficiar depois da morte", queremos mencionar os potenciais cármicos positivos marcados em nossa consciência. Esses potenciais só são impressos e cultivados através do empenho em ações motivadas por intenção ética ou espiritual, seja um propósito altruísta de ajudar alguém, seja uma disposição caracterizada por outras qualidades positivas, como renúncia ou fé. Ações motivadas por tais intenções positivas tornam-se atividade cármica positiva.

O Dharma que pode nos beneficiar depois da morte são esses potenciais cármicos positivos que carregamos de uma vida para outra.

Quando morremos, não importa quanta riqueza tenhamos amealhado, nada disso poderá ser levado para a próxima vida. Não importa quão famosos sejamos, a fama não chegará à próxima vida. Não importa quantos bons amigos e familiares amorosos tenhamos, nenhum deles pode ser levado para a próxima vida. A única coisa levada para a próxima vida são os potenciais cármicos que marcamos em nossa consciência, sejam positivos ou negativos.

De modo geral, as ações cármicas são realizadas por nosso corpo, nossa fala ou nossa mente. Atos como executar prostrações, circundar locais sagrados e fazer caridade aos necessitados são ações do corpo. De modo semelhante, recitar mantras, fazer preces e assim por diante são atividades dhármicas da fala. Por fim, a atividade dhármica da mente inclui pensamentos positivos como equanimidade, compaixão, fé e as várias realizações do caminho. Entre as ações de corpo, fala e mente, as duas primeiras não são as mais importantes. O motivo é bem simples: um indivíduo pode se empenhar tanto física quanto verbalmente em algo que parece atividade espiritual — prostrações, recitação de mantras e por aí vai — ao mesmo tempo que nutre má vontade, ganância ou alguma outra aflição; tais atos de corpo e mente podem coexistir com uma atividade não virtuosa. Portanto, as ações de corpo e fala são secundárias — não constituem a prática real do Dharma.

A prática real do Dharma é executada com a mente. Práticas mentais virtuosas — como cultivar bondade amorosa e compaixão, refletir sobre a natureza transitória da vida ou contemplar a ausência de eu — não podem coexistir com um estado mental não virtuoso. Durante o período em que práticas mentais virtuosas do Dharma estão em plena atividade, não pode ocorrer ação negativa. É por isso que o ato dhármico da mente é supremo; é a genuína ação do Dharma.

Sabendo disso, torna-se muito importante garantir a pureza de nossa motivação. Com frequência, nossa razão para praticar o Dharma é maculada por interesses mundanos, seja longevidade, riqueza, boa saúde ou sucesso terreno. Claro que, se nossa aspiração por riqueza ou longevidade é fundamentada em bodhichitta, a aspiração por atingir o estado de buda para o benefício de todos os seres sencientes — se longevidade ou riqueza são buscadas como uma condição benéfica para promover aquela meta última — está ótima. Por outro lado, se a aspiração por riqueza ou boa saúde torna-se o motivo principal, mesmo que você esteja recitando mantras ou executando ritos tântricos, isso não passa de atividade mundana.

De fato, se uma pessoa agrada Jambala, a deidade da riqueza, com a meta primária de ficar rica, é questionável se Jambala atenderá seus desejos. Jambala, uma deidade barriguda, pode parecer um milionário, mas é de se duvidar que conceda uma fortuna para tal pessoa! Mencionei várias vezes para grupos de tibetanos que, se agradar Jambala realmente deixasse alguém milionário, hoje em dia veríamos vários milionários tibetanos, o que não é o caso! Por outro lado, em outras comunidades vemos muitos ricaços que não agradaram Jambala, mas acumularam riqueza por meio de trabalho árduo. Assim, é muito importante que, ao nos engajarmos em atividades espirituais, nossa motivação, nossa intenção, não seja maculada por interesses mundanos.

O sofrimento samsárico

A seguir, lemos:

4c-d. Contemplando-se repetidamente a verdade do carma e do sofrimento samsárico, as preocupações com a próxima vida cessarão.

"A verdade do carma" aqui é a natureza inelutável da lei cármica. Falando em termos gerais, se você criou um carma específico, colherá o fruto daquele carma. O ponto-chave de se contemplar o sofrimento samsárico é, conforme explicado antes, o reconhecimento de que, enquanto permanecermos acorrentados à ignorância fundamental, não haverá espaço para felicidade duradoura e verdadeira. Apreendendo isso, passamos a reconhecer que a existência cíclica é defeituosa por sua própria natureza.

Para entender como contemplar o sofrimento da existência samsárica, podemos mencionar a sétima estrofe no contexto do desenvolvimento da renúncia verdadeira:

> Eles [os seres] são constantemente arrastados por quatro rios poderosos;
> são firmemente presos com grilhões cármicos dos mais difíceis de se escapar;
> são capturados dentro da malha de ferro da fixação no eu;
> são envoltos em névoas espessas de ignorância.

No texto em si, essas contemplações são apresentadas no contexto da geração de compaixão. Compaixão e renúncia verdadeira são muito semelhantes; a diferença está no foco da contemplação: a verdadeira renúncia relaciona-se a nós mesmos e nosso próprio sofrimento, enquanto a compaixão relaciona-se a outros seres sencientes e o sofrimento deles. É por isso que, ao cultivar a renúncia verdadeira, é útil trazer essas contemplações e estendê-las a nós mesmos. Fazemos isso da forma a seguir descrita.

Primeiro refletimos sobre o fato de que somos constantemente arrastados pelos quatro rios, a saber: nascimento, doença, envelhecimento e morte. Somos implacavelmente levados de roldão pelas poderosas correntes desses rios. Como diz o verso seguinte, enquanto isso acontece, estamos firmemente presos pelos grilhões cármicos. Caso fôssemos arrastados, mas não estivéssemos presos, teríamos ao menos alguma expectativa de escapar. Mas, visto que nossos membros estão retidos, a esperança de nos safarmos é ainda mais remota.

Na discussão sobre os doze elos da originação dependente, vimos como o envelhecimento e a morte surgem quando há um nascimento. O nascimento, 11º elo, surge do *vir a ser*, ou do potencial cármico intensificado, o décimo elo. Esse potencial surge quando ativado pelo anseio e pela fixação. Essas, por sua vez, tornam-se possíveis apenas quando existe o segundo elo, a ação volitiva — a ação cármica que é cometida, e que, por seu turno, é motivada pela ignorância fundamental, o primeiro elo. Sem a ignorância fundamental, a ação volitiva não ocorre, e, sem a ação volitiva, todos os elos subsequentes chegam ao fim. Precisamos refletir sobre a maneira segundo a qual, presos pelos elos dessa cadeia cármica, somos constantemente arrastados pela corrente de nascimento, doença, envelhecimento e morte.

Ainda por cima, somos capturados em uma malha de ferro de fixação no eu. *Fixação no eu* é a fixação na existência inerente da pessoa, em nossa existência pessoal como algo inerentemente real. Também é conhecida como *fixação egoísta*. E, enquanto capturados nessa gaiola, somos completamente envolvidos por um denso nevoeiro de ignorância, que aqui se refere à fixação na existência inerente dos fenômenos.

Tudo isso aponta para a seguinte situação: com base na fixação nos fenômenos como se fossem inerentemente reais, surge a fixação no eu — "eu sou". A partir dessa fixação egoísta, criamos o carma, que ocasiona toda uma série de eventos, tais como nascimento, doença, envelhecimento e morte. Se refletir dessa maneira, você por fim perceberá que o ciclo da existência, o samsara, é quase ilimitado, não tem um fim discernível. E, nessa armadilha da existência cíclica, somos interminavelmente atormentados pelos três tipos de sofrimento. Por conseguinte, vemos que, embora Tsongkhapa expresse essas reflexões no contexto da geração de compaixão pelo sofrimento dos outros, o mesmo verso pode ser trazido e aplicado ao nosso próprio sofrimento como forma de se cultivar renúncia verdadeira.

Avaliação da renúncia verdadeira

A estrofe seguinte apresenta o sistema para se avaliar a renúncia verdadeira. Nela, lemos:

> **5. Tendo habituado sua mente dessa forma, quando nem sequer um instante**
> **de admiração pelas riquezas da existência cíclica surge,**
> **e o pensamento que aspira pela liberação acontece dia e noite,**
> **nesse ponto a renúncia verdadeira terá ocorrido.**

A questão é que, quando você vê do fundo de seu coração que é possível erradicar a ignorância, o desenvolvimento de uma aspiração genuína pela liberação torna-se bem mais realista.

A abordagem aqui reflete a perspectiva geral budista de que falamos. Quando tratamos da visão do caminho budista, podemos dividi-la em duas vertentes. Uma, muito geral, reflete a estrutura básica do caminho budista. A outra é uma abordagem adequada a um indivíduo em particular ou a um contexto específico. A apresentação aqui está de acordo com as *Estrofes fundamentais sobre o Caminho do Meio*, de Nagarjuna, destinadas a plateias e praticantes que apresentam aptidões mentais superiores. Essa apresentação reflete a perspectiva geral do caminho Mahayana, no qual o praticante cultiva um profundo entendimento da natureza da liberação e, portanto, uma ampla compreensão da vacuidade *antes* de desenvolver uma renúncia genuína. Baseado em seu entendimento da vacuidade, o praticante reconhece que a liberação é possível, e esse reconhecimento induz a uma verdadeira aspiração por tal liberação.

De modo semelhante, antes de desenvolver bodhichitta genuína, um praticante bodhisattva precisa primeiro de algum entendimento sobre a natureza da iluminação que busca, e para isso é crucial o entendimento da vacuidade. É compreensível que essa abordagem destinada a praticantes avançados não seja adequada para determinados indivíduos, mas a renúncia verdadeira — a aspiração de atingir a liberação — realizada por tal praticante não deixa muito claro a respeito de que consiste essa liberação. Trata-se de uma noção meio imprecisa; todavia, é poderosa o bastante para que o praticante desenvolva uma aspiração genuína pela liberação ou pelo estado de buda.

Bodhichitta, a mente do despertar

O segundo aspecto principal do caminho, bodhichitta, é apresentado a partir da sexta estrofe. Primeiro, há a apresentação de por que é importante desenvolver bodhichitta, ou mente do despertar. Lemos:

6. Tal renúncia, se não sustentada também
   pela mente pura do despertar, não se tornará uma causa
   da perfeita bem-aventurança da iluminação insuperável;
   portanto, ó sábios, produzam a excelente mente do despertar.

Conforme a estrofe afirma, se nossa renúncia verdadeira não for acompanhada de bodhichitta, não seremos capazes de atingir a iluminação completa.

A seguir, a sétima estrofe, junto com os dois primeiros versos da oitava, apresenta o método efetivo de se cultivar a mente desperta. Como vimos, quando esses versos são lidos em relação à nossa própria situação, dão origem à renúncia verdadeira. Quando lidos no contexto do sofrimento dos outros seres sencientes, geram grande compaixão dentro de nós.

> 7. Eles são constantemente arrastados por quatro rios poderosos;
> são firmemente presos com grilhões cármicos dos mais difíceis de se escapar;
> são capturados dentro da malha de ferro da fixação no eu;
> são envoltos em névoas espessas de ignorância.
>
> 8a-b. Eles nascem dentro da existência cíclica que não tem fim,
> onde são infindavelmente atormentados pelos três sofrimentos.

A seguir, nos dois versos finais da oitava estrofe, lemos:

> 8c-d. Pense em todas as suas mães, que sofrem tais condições,
> E, por favor, gere a suprema mente do despertar.

O método para se gerar compaixão consiste em primeiro reconhecer a natureza do sofrimento. Discutimos isso anteriormente, no contexto de nosso próprio sofrimento, e agora aplicamos a mesma análise ao sofrimento dos outros, a fim de captar a natureza de sua dor e desenvolver o desejo compassivo de libertá-los dela. Tsongkhapa usa aqui a palavra *mãe*, "todas as suas mães", para se referir aos outros seres sencientes. São chamados de mães para encorajar em nós um senso profundo de intimidade com eles e um interesse genuíno por seu bem-estar.

Esses dois fatores — o entendimento da natureza do sofrimento e a sensação de proximidade com os outros seres sencientes — tornam-se a base para se desenvolver um desejo genuíno de garantir o bem-estar dos outros. Quando essa vontade compassiva de aliviar o sofrimento dos outros é estendida a todos os seres de modo incondicional, realiza-se o que se chama de *grande compaixão*, que leva ao compromisso de ocasionar o bem-estar dos outros por si mesmo, e assim a *determinação altruísta extraordinária* terá surgido. E, uma vez desenvolvida a aspiração genuína e espontânea pelo estado de buda, a iluminação plena, a fim de cumprir essa meta, terá sido gerada a bodhichitta, a mente do despertar. Conforme explicado anteriormente, bodhichitta é a mente altruísta do despertar dotada das duas aspirações: ocasionar o bem-estar dos outros e, para esse fim, a atingir a iluminação.

A quantidade de bodhichitta originada pode ser inferida com base na quantidade de geração de renúncia, que já discutimos. Em resumo, a bodhichitta terá sido atingida quando o desejo altruísta de iluminação tiver se tornado a força motivadora por trás de todas as suas ações de corpo, fala e mente.

Meditando sobre a vacuidade

A seguir, a importância de se meditar sobre a vacuidade é explicada na nona estrofe, onde lemos:

9. Sem a sabedoria que percebe a natureza última,
mesmo que adquira familiaridade com a renúncia e a mente do despertar,
você não será capaz de cortar a raiz da existência samsárica;
empenhe-se, então, nos meios de perceber a originação dependente.

Já examinamos a vacuidade de modo bastante extensivo nos capítulos a respeito das *Estrofes fundamentais sobre o Caminho do Meio*, de Nagarjuna, e por isso não precisamos explorar isso aqui de novo em detalhes.

Na estrofe seguinte, encontramos o entendimento real do significado de vacuidade. Lemos que:

10. Quando, no que diz respeito a todos os fenômenos do samsara e
do nirvana,
você consegue ver que as causas e os efeitos jamais enganam suas leis,
e quando dissolve o foco da objetificação,
você entra no caminho que agrada os budas.

Uma vez dissipadas todas as aparências de existência verdadeira sem violação das leis de causa e efeito e do mundo da realidade convencional, você terá encontrado o verdadeiro entendimento da vacuidade e entrado "no caminho que agrada os budas".

A seguir, lemos:

11. Enquanto os dois entendimentos — o da aparência,
que é originação dependente livre de engano,
e o da vacuidade destituída de tudo isso — permanecerem separados,
você não terá apreendido a intenção do Sábio.

Enquanto seu entendimento do mundo da aparência, ou da realidade convencional, e seu entendimento do mundo da vacuidade, da natureza última, permanecerem conflitantes — enquanto se mantiverem separados e minarem um ao outro, você não terá entendido plenamente a intenção do Buda.

Então, Tsongkhapa adiciona:

12. Entretanto, não de modo alternado, mas de uma vez só,
no instante em que você entende que a originação dependente é
livre de engano,
o objeto da fixação com certeza é desmantelado,
então sua análise da visão terá amadurecido plenamente.

Isso apresenta os critérios que verificam se a vacuidade foi totalmente compreendida. Quando se entende a vacuidade em termos de originação dependente e compreende a originação dependente em termos de vacuidade, como dois lados de uma mesma moeda, nega-se por completo a existência inerente, sem deixar resíduos, de modo que sua percepção é completa. Quando percebemos as coisas em nossa experiência cotidiana, normalmente as vemos como possuidoras de alguma realidade objetiva intrínseca e vamos atrás de tal aparência. Mas, uma vez que verdadeiramente se entende a vacuidade, no momento em que se percebe uma coisa, aquela aparência serve, ela própria, para desencadear no mesmo instante o entendimento da vacuidade. Em vez de se fixar imediatamente na realidade intrínseca de uma coisa, ficamos cônscios, no mesmo instante, de que: "Sim, parece que esse objeto é intrinsecamente real, mas não é assim". A própria aparência induz automaticamente ao entendimento da vacuidade. Quando isso acontece, completa-se o processo de análise.

Na estrofe seguinte, lemos então:

13. Além disso, quando a aparência dissipar o extremo da existência,
    a vacuidade dissipar o extremo da inexistência,
    e você entender de que forma a vacuidade surge como causa e efeito,
    você jamais será capturado por visões que se agarram aos extremos.

Essa estrofe ecoa Chandrakirti em *Entering the Middle Way* (*Madhyamakavatara*), no qual ele escreveu que, assim como reflexos, ecos e outras coisas são vazios de qualquer realidade substancial e, todavia, aparecem através da junção de condições, os fenômenos — forma, sensação e assim por diante —, embora destituídos de existência intrínseca, surgem da vacuidade com suas próprias características e identidades.[43] O ponto central é que a vacuidade em si age como causa para o florescimento de um mundo de multiplicidade; todos os fenômenos são, em algum sentido, suas manifestações — uma espécie de jogo que surge da esfera da vacuidade. Essa estrofe ecoa os versos do texto de Chadrakirti.

A estrofe final é a conclusão que incita os praticantes a se empenharem nesses ensinamentos. Tsongkhapa escreveu:

14. Uma vez que você tenha entendido como são
    os fundamentos dos três aspectos principais do Caminho,
    Ó filho, busque a solidão e, por meio da intensificação de seus
        poderes de perseverança,
    cumpra velozmente a sua meta última.

Essa foi uma explicação muito breve, baseada nos *Três aspectos principais do Caminho*, sobre como trazer todos os pontos que discutimos nos capítulos anteriores para a esfera da prática efetiva.

Cultivando o entendimento

Se você leva a prática do Dharma a sério, é essencial cultivar um bom entendimento desses preceitos. Antes de tudo, é importante ler os textos. Quanto mais textos você ler — quanto mais você expandir o âmbito de seu aprendizado e leitura —, mais serão os recursos que encontrará para seu entendimento e prática. Quando, como resultado de profundo estudo e contemplação do que aprendeu, conforme relacionado a seu entendimento pessoal, você chegar ao ponto de desenvolver uma profunda convicção de que a coisa é assim, isso será um indicativo de que atingiu o que se chama de entendimento derivado da contemplação ou reflexão. Antes disso, toda sua compreensão terá sido intelectual, mas nesse ponto ela muda. Portanto, você tem que cultivar a familiaridade, torná-la parte de seu estado habitual. Quanto mais você cultivar a familiaridade, mais isso se tornará empírico.

Claro que existem dois aspectos quanto ao caminho: método e sabedoria. Em termos gerais, é mais fácil entender o método do caminho, e é igualmente mais fácil desenvolver uma convicção mais profunda a respeito dele. Esse aspecto evoca emoções fortes, poderosas. Mas, mesmo com o aspecto da sabedoria do caminho, embora os estágios iniciais de cultivo do entendimento e da convicção profunda sejam mais difíceis, uma vez que se tiver adquirido convicção profunda, pode-se experimentar sensações e emoções poderosas.

Entretanto, não se deve ter expectativas de que algo assim necessariamente seja alcançado em poucos anos. No que tange à duração da prática, é importante buscar inspiração nas declarações das escrituras. Elas explicam que leva inúmeros éons para se realizar a iluminação plena. Em seu *Guide to the Bodhisattva's Way of Life* [Guia para o modo de vida do bodhisattva] (*Bodhicharyavatara*), Shantideva também diz que devemos rezar para que: "Enquanto o espaço persistir e os seres sencientes perdurarem, possa eu também permanecer para dissipar os sofrimentos dos seres sencientes".[44] Refletir sobre esses tipos de sentimentos lhe dará força e inspiração. Se você treinar sua mente dessa maneira, embora seu corpo possa permanecer o mesmo que antes, sua mente vai mudar e se transformar. O resultado é felicidade. A questão sobre se o resultado trará benefícios aos outros vai depender de muitos fatores e condições externos. Mas, no que diz respeito à sua própria experiência, o benefício definitivamente existe.

Prática do profundo

Toda manhã, depois de acordar, tente moldar seu pensamento a atitudes benéficas antes de começar o dia. Você pode pensar, por exemplo: "Possam meu corpo, minha fala e minha mente ser usados de maneira mais compassiva, de modo que se tornem úteis para os outros". Isso é algo que geralmente faço e que torna a vida mais significativa. Do mesmo modo, examine sua mente à noite, antes de ir para a cama. Reveja o modo como passou o dia e verifique se valeu a pena. Mesmo para pessoas não religiosas, acredito que esse seja um método valioso para se criar uma existência mais expressiva, de modo que, ao chegar ao fim da vida, você não sinta remorso ou arrependimento. Você poderá ficar triste por estar partindo desse mundo, mas, ao mesmo tempo, terá certa satisfação por ter vivido de forma significativa.

Um hábito particularmente útil de se desenvolver é o de assistir a seus próprios processos de pensamento, observar o que ocorre em sua mente, de maneira que você não fique totalmente imerso naquilo. Quando desenvolvemos raiva, por exemplo, em geral parece que toda nossa mente vira raiva. Mas isso é apenas uma aparência. Com alguma experiência, você pode aprender a recuar quando a raiva se desenvolver. É extremamente útil ter condições de reconhecer a destrutividade de uma emoção negativa no exato momento em que ela se avoluma. Claro que isso é muito difícil, mas você pode fazê-lo por meio de treinamento. Quando temos alguma perspectiva sobre a raiva, olhamos para ela, e imediatamente sua intensidade é reduzida. Funciona do mesmo jeito para o apego, a tristeza, o orgulho e assim por diante. Por meio de treino e hábito, do cultivo de um costume cotidiano, é possível.

Também existem maneiras de ampliar o valor humano para o exterior, estendendo-o de uma só pessoa para os membros da família, e dos membros da família para os respectivos amigos. É essa a maneira de transformar a família, a comunidade, possivelmente a nação e, então, a humanidade. Se cada pessoa cultivar isso em sua mente, os efeitos se espalharão e levarão a um mundo melhor. Depois que eu for embora, depois de quarenta ou cinquenta anos, talvez haja um mundo melhor, mas, se você quer isso, deve começar a trabalhar hoje, a partir de agora, já.

É isso que quero compartilhar com você.

Apêndice 1

Três aspectos principais do Caminho

Jé Tsongkhapa

(Título em tibetano: *Lam gyi gtso bo rnam pa gsum*)

Homenagem aos professores mais veneráveis!

1. Explicarei aqui da melhor forma que puder os pontos essenciais de todas as escrituras do Conquistador; o caminho aclamado por todos os excelentes bodhisattvas, a entrada para os afortunados que aspiram pela liberação.

2. Aqueles que não estão apegados às alegrias da existência cíclica, que se esforçam para tornar significativa esta vida de lazer e oportunidades e que depositam sua confiança no caminho que agrada os conquistadores ó afortunados, escutem de coração aberto.

3. Sem renúncia pura, não há jeito de pacificar o anseio pelas alegrias e pelos frutos do oceano do samsara; visto que a ânsia pela existência nos acorrenta por completo, busque primeiro a renúncia verdadeira.

4. A partir do cultivo da atitude que julga ser esta vida humana muito difícil de se encontrar e crê que não temos tempo a perder, as preocupações com esta vida cessarão; contemplando-se repetidamente a verdade do carma e do sofrimento samsárico, as preocupações com a próxima vida cessarão.

5. Tendo habituado sua mente dessa forma, quando nem sequer um instante de admiração pelas riquezas da existência cíclica surge, e o pensamento que aspira pela liberação acontece dia e noite, nesse ponto a renúncia verdadeira terá ocorrido.

6. Tal renúncia, se não sustentada também pela mente pura do despertar, não se tornará uma causa da perfeita bem-aventurança da iluminação insuperável; portanto, ó sábios, produzam a excelente mente do despertar.

7. Eles são constantemente arrastados por quatro rios poderosos; são firmemente presos com grilhões cármicos dos mais difíceis de se

escapar; são capturados dentro da malha de ferro da fixação no eu; são envoltos em névoas espessas de ignorância.

8. Eles nascem dentro da existência cíclica que não tem fim, onde são infindavelmente atormentados pelos três sofrimentos. Pense em todas as suas mães, que sofrem tais condições, E, por favor, gere a suprema mente do despertar.

9. Sem a sabedoria que percebe a natureza última, mesmo que adquira familiaridade com a renúncia e a mente do despertar, você não será capaz de cortar a raiz da existência samsárica; empenhe-se, então, nos meios de perceber a originação dependente.

10. Quando, no que diz respeito a todos os fenômenos do samsara e do nirvana, você consegue ver que as causas e os efeitos jamais enganam suas leis, e dissolve o foco da objetificação, você entra no caminho que agrada os budas.

11. Enquanto os dois entendimentos — o da aparência, que é originação dependente livre de engano, e o da vacuidade destituída de tudo isso — permanecerem separados, você não terá apreendido a intenção do Sábio.

12. Entretanto, não de modo alternado, mas de uma vez só, no instante em que você vê que a originação dependente é livre de engano, o objeto da fixação com certeza é desmantelado, então sua análise da visão terá amadurecido plenamente.

13. Além disso, quando a aparência dissipar o extremo da existência, a vacuidade dissipar o extremo da inexistência, e você entender de que forma a vacuidade surge como causa e efeito, você jamais será capturado por visões que se agarram aos extremos.

14. Uma vez que você tenha entendido como são os fundamentos dos três aspectos principais do Caminho, ó filho, busque a solidão e, por

meio da intensificação de seus poderes de perseverança, cumpra velozmente a sua meta última.

Esse conselho foi dado pelo monge Lobsang Drakpai Pal a Ngawang Drakpa, uma pessoa importante da região de Tsakho.

Apêndice 2

Louvor a dezessete mestres de Nalanda[45]

Sua Santidade o Dalai Lama

Eis aqui um louvor a dezessete mestres de Nalanda, intitulado "Um sol a iluminar a fé tríplice".

1. Nascido da grande compaixão que aspira ajudar todos os seres, deus dos deuses, atingiste o estado de salvador, caracterizado por renúncia e percepção e guias os seres através do discurso da originação dependente. Ó habilidoso, sol da fala, curvo minha cabeça a ti.

2. Curvo-me a teus pés, ó Nagarjuna, muitíssimo habilidoso em elucidar a talidade livre de elaborações — a essência dos sutras da *Mãe dos Conquistadores* — através da argumentação da originação dependente. De acordo com a profecia do Conquistador, deste início ao Caminho do Meio.

3. Curvo-me a teu principal filho, bodhisattva Aryadeva, muitíssimo instruído e visionário, que cruzou o oceano de filosofias budistas e não budistas, e é a joia da coroa entre aqueles que defendem os tratados de Nagarjuna.

4. Curvo-me a ti, ó Buddhapalita, que alcançou o estado de praticante supremo e elucidou claramente a intenção do Nobre [Nagarjuna], o significado final da originação dependente, a questão profunda da existência como mera designação e mero nome.

5. Curvo-me a ti, ó mestre Bhavaviveka, pândita muitíssimo perfeito, deste início à tradição filosófica na qual, ao mesmo tempo em que se nega extremos como o surgimento de coisas verdadeiramente existentes, defende-se o conhecimento comumente verificado, bem como a realidade externa.

6. Curvo-me a ti, ó Chandrakirti, pois disseminaste todos os caminhos do sutra e do tantra. És muitíssimo habilidoso em ensinar os aspectos vastos e profundos do Caminho do Meio — a união de aparência e vacuidade que dissipa os dois extremos — por meio da originação dependente, que é mera condicionalidade.

7. Curvo-me a ti, ó bodhisattva Shantideva, muitíssimo habilidoso em revelar à assembleia dos praticantes espirituais mais afortunados o excelente caminho da compaixão, que é o mais maravilhoso, através de linhas de argumentação muitíssimo vastas e profundas.

8. Curvo-me a ti, ó mestre e abade Shantarakshita, pois deste início à tradição do Caminho do Meio Não Dual, de acordo com a disposição mental do praticante. És versado nos estilos de argumentação do Caminho do Meio e da cognição válida, e disseminaste o ensinamento do Conquistador na Terra das Neves.

9. Curvo-me a teus pés, ó Kamalashila, pois, explicando de forma excelente os estágios de meditação da visão do Caminho do Meio livre de elaborações e a união de tranquilidade e *insight* de acordo com o sutra e o tantra, elucidaste impecavelmente o ensinamento do Conquistador na Terra das Neves.

10. Curvo-me a teus pés, ó Asanga, pois, amparado por Maitreya, foste versado em disseminar de forma excelente todas as escrituras do Mahayana, ensinaste o caminho vasto e, conforme a profecia do Conquistador, deste início à tradição da Mente Apenas.

11. Curvo-me a teus pés, ó mestre Vasubandhu, pois, ao mesmo tempo em que defendeste os sistemas dos sete tratados do Abhidharma, bem como a Não Dualidade, esclareceste os dogmas da Vaibhashika, Sautrantika e Mente Apenas. Primeiro entre os sábios, és renomado como um segundo Onisciente.

12. Curvo-me a teus pés, ó Dignaga, o lógico, pois, a fim de apresentar o caminho do Buda através de argumentação baseada em evidência, abriste centenas de entradas de cognição válida e ofereceste de presente ao mundo os olhos da inteligência crítica.

13. Curvo-me a teus pés, ó Dharmakirti, pois, entendendo todos os pontos essenciais da epistemologia budista e não budista, trouxeste

convicção a todos os caminhos vastos e profundos da Sautrantika e da Mente Apenas por meio da argumentação; foste muitíssimo versado em ensinar o Dharma excelente.

14. Curvo-me a teus pés, ó Vimuktisena, pois acendeste a lâmpada que ilumina o significado do tratado do *Ornamento,* no qual os temas da *Perfeição da Sabedoria* provenientes de Asanga e seu irmão foram expostos de acordo com a visão do Caminho do Meio, livre de existência e inexistência.

15. Curvo-me a ti, ó mestre Haribhadra, pois foste profetizado pelo Conquistador como aquele que explica o significado da Mãe, a perfeição da sabedoria. Elucidaste o tratado excelente sobre a perfeição da sabedoria, as três mães, perfeitamente de acordo com a instrução do salvador Maitreya.

16. Curvo-me a teus pés, ó Gunaprabha, muitíssimo excelente em integridade e erudição, pois, tendo refinado com excelência a intenção de cem mil ensinamentos disciplinares, apresentaste os votos de liberação individual de modo impecável, conforme a tradição da escola Sarvastivada.

17. Curvo-me a teus pés, ó Shakyaprabha, defensor supremo da disciplina, pois reinaste sobre o tesouro de joias dos três treinamentos. A fim de disseminar os ensinamentos imaculados sobre disciplina por um longo tempo, apresentaste de forma excelente o significado dos vastos tratados [sobre disciplina].

18. Curvo-me a ti, ó mestre Atisha, pois, tendo ensinado todas as tradições vastas e profundas relacionadas às palavras do Buda na estrutura do caminho das pessoas de três aptidões, foste mais gentil o mestre a disseminar o ensinamento do Buda na Terra das Neves.

19. Tendo assim louvado esses muitíssimo sábios ornamentos do mundo, as fontes excelentes de ensinamentos maravilhosos e perspicazes,

possa eu, com uma mente resoluta e pura, ser abençoado, de modo que minha consciência fique madura e pura.

20. Pelo entendimento das duas verdades, o modo como as coisas existem, vou averiguar como, através das quatro verdades, entramos e saímos do samsara; consolidarei a fé nas Três Joias, nascida da argumentação válida. Possa eu ser abençoado de modo que a raiz do caminho da liberação seja firmemente estabelecida dentro de mim.

21. Possa eu ser abençoado para aperfeiçoar o treinamento em renúncia — uma aspiração pela liberação, a pacificação total do sofrimento e sua origem —, bem como em uma mente do despertar espontânea, com raiz na compaixão infinita que deseja proteger todos os seres sencientes.

22. Possa eu ser abençoado de modo que consiga facilmente desenvolver convicção em todos os caminhos referentes aos pontos profundos dos veículos da Perfeição e do Vajra, empenhando-me em estudo, reflexão e meditação sobre o significado dos tratados dos grandes desbravadores.[46]

23. Possa eu, vida após vida, obter corporificações excelentes que suportem os três treinamentos e façam contribuições à doutrina que iguala os grandes desbravadores na defesa e na disseminação do ensinamento da escritura e da percepção através do empenho na explicação e na prática meditativa.

24. Possam os membros de todas as comunidades espirituais passar o tempo em aprendizado, reflexão e meditação. Através da proliferação de mestres sublimes que se abstêm de meios de vida errôneos, possa a grande face do universo ser embelezada ao longo dos tempos.

25. Por meio de seu poder, possa eu atravessar todos os caminhos do sutra e do tantra e atingir a onisciência dos conquistadores,

caracterizada pela realização espontânea dos dois propósitos. Possa eu trabalhar pelo bem-estar dos seres sencientes enquanto o espaço perdurar.

Colofão

Assim, a respeito dos profundos e vastos aspectos do Dharma excelente ensinado pelo Buda Abençoado, os grandes mestres da Índia, a terra dos nobres, aqui citados redigiram excelentes tratados que abriram os olhos da inteligência de numerosos indivíduos perspicazes. Essas obras sobreviveram intactas até os dias de hoje — perto de 2,5 mil anos [após o falecimento do Buda] — e ainda servem como tratados para estudo, reflexão crítica e meditação. Portanto, recordando a bondade desses sábios mestres, aspiro com devoção resoluta seguir seus passos.

Hoje, numa época em que a ciência e a tecnologia chegaram a um estágio avançadíssimo, estamos incessantemente preocupados com assuntos mundanos. Em tempos assim, é crucial que aqueles que seguem o Buda adquiram fé em seu ensinamento com base na compreensão genuína. É com uma mente objetiva dotada de ceticismo curioso que devemos nos engajar na análise cuidadosa e buscar os motivos.

Então, tendo percebido os motivos, geramos uma fé acompanhada de sabedoria. Por isso, os excelentes tratados sobre os aspectos profundos e vastos [do caminho] de autoria dos grandes mestres, tais como os célebres seis ornamentos e os dois mestres supremos,[47] bem como Buddhapalita, Vimuktisena e outros, permanecem indispensáveis. Mesmo no passado, havia uma tradição de se ter pinturas dos seis ornamentos e dos dois mestres supremos em *thangkas*. A esses eu acrescentei nove mestres da linhagem dos aspectos profundos e vastos do caminho, encomendando uma pintura, em *thangka*, de dezessete grandes pânditas do glorioso Mosteiro de Nalanda.

Ao mesmo tempo, quis compor uma prece que expressasse minha sincera reverência por esses excelentíssimos e sábios seres e, somando-se a isso, algumas pessoas interessadas e companheiros espirituais também me encorajaram a escrever esta obra. Assim, este louvor a dezessete mestres da gloriosa Nalanda, intitulado "Sol a Iluminar a Fé Tríplice", foi redigido pelo monge budista Tenzin Gyatso, alguém que encontrou uma fé espontânea nos excelentes textos desses grandes mestres e senta-se nas últimas fileiras de indivíduos empenhados no estudo desses excelentes trabalhos.

Esta obra foi composta e concluída em Thekcken Choeling, Dharamsala, Distrito de Kangara, Himachal Pradesh, Índia, no 2.548º ano do parinirvana do Buda conforme o sistema Theravada, no primeiro dia do 11º mês do ano da Cobra de Ferro, no 17º ciclo Rabjung do calendário tibetano, ou seja, 15 de dezembro de 2001 da Era Comum.

Possa a bondade prevalecer!

Bibliografia

Nota: para o benefício daqueles que desejem consultar os textos originais, fornecemos os títulos em sânscrito e tibetano dos textos budistas clássicos. "Toh" refere-se a Tohoku, e os números representam as entradas catalográficas da edição Dergé do *Kangyur* (escrituras canônicas) e do *Tengyur* (tratados de comentários) em *A Complete Catalogue of the Tibetan Buddhist Canons*, editado pelo professor Hekuji Ui. Japão: Sendai, 1934.

ARYADEVA. *Four Hundred Stanzas on the Middle Way.* (*Chatuhshatakashastrakarika*). (Tib. *dbu ma bzhi brgya pa*; Toh 3846, Tengyur, *dbu ma*, vol. *tsha*.) Existe uma tradução deste texto em inglês, com comentário de Gyaltsap Jé, sob o título *Yogic Deeds of the Bodhisattvas* (Ithaca: Snow Lion, 1994).

CHANDRAKIRTI. *Clear Words* (*Prasannapada*). (Tib. *dbu ma rtsa ba'i 'grel pa tshig gsal ba*; Toh 3860, Tengyur, *dbu ma*, vol. *dza*).

_____. *Entering the Middle Way* (*Madhyamakavatara*). (Tib. *dbu ma la 'jug pa*; Toh 3861, Tengyur, *dbu ma*, vol. *ha*.) Traduções deste texto em inglês podem ser encontradas em HUNTINGTON, JR., C. W. *The Emptiness of Emptiness* (Honolulu: University of Hawaii, 1989), e CHANDRAKIRTI; MIPHAM. *Introducing the Middle Way* (Boston: Shambala, 2005).

CHANKYA ROLPAI DORJE (1717-1786). Recognizing My Mother. In: THUPTEN JINPA; ELSNER, JAS (eds.), *Songs of Spiritual Experience*. Boston: Shambala, 2000.

DHARMAKIRTI. *Commentary on "Valid Cognition"* (*Pramanavarttika*). (Tib. *tshad ma rnam 'grel*; Toh 4210, Tengyur, *tshad ma*, vol. *ce.*)

JAMYANG SHEPA. *Root Verses on Indian Philosophies* (Tib. *grub mtha' rtsa ba*). A tradução deste texto para o inglês está disponível em <http://www.tibetanclassics.org/Jinpa_Translation.html>.

MAITREYA. *Ornament of Clear Realization* (*Abhisamayalamkara*). (Tib. *mngon rtogs rgyan*; Tho 3786, Tengyur, *shes phyin*, vol. *ka.*)

———. *Ornament of Mahayana Sutras* (*Mahayanasutralamkara*). (Tib. *theg pa chen po mdo sde'i rgyan*; Toh 4020, Tengyur, *sems tsam*, vol. *phi.*) Uma tradução deste texto para o inglês, com comentário de Vasubandhu, está disponível sob o título *The Universal Vehicle Discourse Literature* (New York: American Institute of Buddhist Studies, 2004).

NAGARJUNA. *Exposition of the Essence of Dependent Origination* (*Pratityasamutpadahridayakarika*). (Tib. *rten cing 'brel bar 'byung ba'i snying po'i rnam par bshad pa*; Toh 3837, Tengyur, *dbu ma*, vol. *tsa.*)

———.*Fundamental Wisdom of the Middle Way* (*Mulamadhyamakakarika*). Uma lúcida tradução deste texto para o inglês pode ser encontrada em GARFIELD, JAY. *The Fundamental Wisdom of the Middle Way* (New York: Oxford University Press, 1995).

———. *Presentation of the First and [the Other] Divisions of Dependent Origination Sutra* (*Pratityasamutpadadivibhanganirdeshasutra*). (Tib. *rten cing 'brel bar 'byung ba dang po dang rnam par dbye ba bstan pa*; Toh 211, Kangyur, *mdo sde*, vol. *tsa.*)

———. *Questions of the Naga King Anavatapta* (*Anavatapatanagarajapariprccha*). (Tib. *klu'i rgyal po ma dros pas zhus pa'i mdo*; Toh 156, Kangyur, *mdo sde*, vol. *pha.*)

_____. *Sixty Stanzas of Reasoning* (*Yuktishashtika*). Uma tradução deste texto para o inglês pode ser encontrada em <http://www.tibetanclassics.org/Jinpa_Translation.html>.

_____. *The Precious Garland* (*Ratnavali*). Para uma tradução em inglês deste texto, feita por John Dunne e Sara McClintock, ver *The Precious Garland* (Boston: Wisdom Publications, 1997).

SHANTIDEVA. *Guide to the Bodhisattva's Way of Life* (*Bodhicaryavatara*). Toh 3871, *dbu ma*, vol. *la*. Existem muitas traduções deste texto para o inglês, entre elas: *Guide to the Bodhisattva's Way of Life*, de Stephen Batchelor (Dharamsala: Library of Tibetan Works and Archives, 1979); *The Way of the Bodhisattva*, do Padmakara Translation Group (Boston: Shambala Publications, 1997); *A Guide to the Bodhisattva's Way of Life*, de Alan e Vesna Wallace (Ithaca, NY: Snow Lion Publications, 1997); *The Bodhicaryavatara*, de Alan e Vesna Wallace (New York: Oxford University Press, 1995).

SUA SANTIDADE O DALAI LAMA. *Four Noble Truths.* Tradução para o inglês de Thupten Jinpa. London: Thorsons, 1997.

_____. *Mind in Comfort and Ease: The Vision of Enlightenment in the Great Perfection.* Boston: Wisdom Publications, 2007.

_____. *Practicing Wisdom.* Traduzido para o inglês e editado por Geshe Thupten Jinpa. Boston: Wisdom Publications, 2005.

_____. *The Meaning of Life: Buddhist Perspectives on Cause and Effect.* Traduzido para o inglês e editado por Jeffrey Hopkins. Boston: Wisdom Publications, 1993.

_____. *The Path to Enlightenment.* Traduzido para o inglês e editado por Glenn Mullin. Ithaca, NY: Snow Lion Publications, 1995.

TSONGKHAPA. *Praise to Dependent Origination* (Tib. *rten 'brel bstod pa*). Para uma tradução em inglês deste texto, ver <http://www.tibetanclassics.org/Jinpa_Translation.html>.

_____. *Songs of Spiritual Experience* (Tib. *lam rim nyams mgur*). Traduzido para o inglês por Thupten Jinpa e Jas Elsner. (Boston: Shambhala, 2000). O texto em inglês pode ser encontrado em <http://www.tibetanclassics.org/Jinpa_Translation.html>.

_____. *The Great Treatise on the Stages of the Path to Enligthenment* (Ithaca, NY: Snow Lion, 2000-2004).

Notas

1 "Recognizing My Mother" [Reconhecendo minha mãe], de Chankya Rolpai Dorje, em *Songs of Spiritual Experience* [Canções da experiência espiritual], traduzido para o inglês por Thupten Jinpa e Jas Elsner (Boston: Shambhala, 2000), p. 112.

2 Para uma explicação mais detalhada de Sua Santidade o Dalai Lama sobre as quatro verdades nobres, veja *Four Noble Truths* [Quatro verdades nobres] (London: Thorsons, 1997). Esse pequeno livro foi republicado na íntegra em *The Heart of the Buddha's Path* (London: Thorsons, 1999).

3 Que eu saiba, não foi encontrado nenhum sutra como fonte para esse verso no cânone tibetano; entretanto, dizem que a passagem existe no cânone páli.

4 *Mulamadhyamakakarika*, 24:8a-b.

5 *Abhisamayalamkara*, 1:21a-b.

6 Um ensinamento pormenorizado de Sua Santidade o Dalai Lama sobre os doze elos da originação dependente encontra-se em *The Meaning of Life: Buddhist Perspectives on Cause and Effect* [O sentido da vida: perspectivas budistas sobre causa e efeito] (Boston: Wisdom Publications, 1993).

7 *Pratityasamutpadahridayakarika*, estrofe 2.

8 A tradução do texto de Nagarjuna fornecida aqui baseia-se na tradução de Jay Garfield encontrada em seu *The Fundamental Wisdom of the Middle Way*, com modificações substanciais. Essas mudanças foram introduzidas para refletir minha própria leitura do texto, bem como para adequá-lo ao comentário de Sua Santidade sobre as estrofes específicas do texto-base de Nagarjuna.

9   Sua Santidade está aludindo aqui à classificação padrão dos objetos do conhecimento nestas três categorias: fatos evidentes, fatos ocultos (que podem ser inferidos com base em fatos observados) e fatos extremamente ocultos. Esses últimos incluem, entre outros, fatos sobre os mínimos detalhes dos mecanismos do carma.

10 Gungthang Jampaiyang, também conhecido como Könchok Tenpai Drönmé (1762-1823), foi um autor prolífico e professor reverenciado. Em 1792, Gungthang Rinpoche tornou-se abade do Mosteiro de Tashikhyil, importante instituição Geluk no nordeste do Tibete, fundada em 1709 por Jamyang Shepa. Tashikhyil muitas vezes aparece com o nome de Labrang.

11 *Mahayanasutralamkara*, 24:8.

12 Essa é uma referência ao sutra *Pratityasamutpadadivibhanganirdeshasutra* (cânone Tohoku 211, sutras, vol. *tsa*, p. 223, verso 6).

13 *Chatuhshatakashastrakarika*, 14:25.

14 *Três Aspectos Principais do Caminho*, v. 7c-d. Ver o comentário de Sua Santidade sobre esse texto no capítulo 5 deste livro.

15 *Mulamadhyamakakarika*, 24:18a-b.

16 *Chatuhshatakashastrakarika*, 8:5c-d.

17 *The Great Treatise on the Stages of the Path to Enlightenment*, vol. 1, traduzido pelo Lamrim Chenmo Translation Committee (Ithaca, NY: Snow Lion, 2000), p. 306. O "poder do campo" aqui se refere a objetos sagrados, como seres iluminados e suas relíquias, que possuem uma energia de liberação tão poderosa a ponto de ações de fé executadas em relação a eles, mesmo que não sejam permeadas pela visão da vacuidade, plantarem na mente as sementes da liberação.

18 Este carma é muito diferente daquele que constitui o segundo dos doze elos, pois, por definição, este primeiro tipo de carma jamais impulsiona um renascimento.

19 *Ratnavali*, 1:35.

20 Com frequência, isso é referido mediante os termos *ausência de eu das pessoas* e *ausência de eu dos fenômenos*.

21 *Ratnavali*, 1:80-81b.

22 *Clear Words* [Palavras claras] (*Prasannapada*), 22.

23 *Chatuhshatakashastrakarika*, 14:25. Essa estrofe foi citada também na página 61.

24 *Pramanavarttika*, 2:193.

25 Segundo dupla divisão do objeto de negação (do caminho e do raciocínio), a elaboração na forma da fixação na existência verdadeira é basicamente objeto do primeiro tipo. Uma elaboração dessas é um estado mental, e por isso aqui se diz que é a *percep*ção da vacuidade, e não a vacuidade em si, que leva à cessação.

26 As seis obras analíticas de Nagarjuna são: *Estrofes fundamentais sobre o Caminho do Meio* (*Mulamadhyamakakarika*), *Sixty Stanzas of Reasoning* (*Yuktishashtika*), *Setenta Estrofes sobre a Vacuidade* (*Shunyatasaptati*), *Trama Finamente Tecida* (*Vaidalyasutra*), *Refutação das Objeções* (*Vigrahavyavartani*) e *The Precious Garland* (*Ratnavali*). Essa última é o texto do qual Sua Santidade não recebeu uma transmissão de Khunu Rinpoche.

27 *Madhyamakavatara*, 6:121. O termo *tirthikas* refere-se aos defensores de escolas filosóficas indianas clássicas e não budistas.

28 Por exemplo, *Mulamadhyamakakarika*, 13:7. "Se até mesmo uma ninharia não fosse vazia,/ a vacuidade também possuiria uma ninharia de existência./ Se nem mesmo uma ninharia que não seja vazia existe,/ como poderia a vacuidade existir?"

29 *Mulamadhyamakakarika*, 13:8: "Os conquistadores disseram/ que a vacuidade liberta de todas as visões./ Desse modo, aqueles que veem a vacuidade [como sendo real]/ estão além do reparo, eles ensinam".

30 *Yuktishashtika*, 51. Uma tradução completa dessa obra para o inglês pode ser encontrada em <http://www.tibetanclassics.org/Jinpa_Translation.html>.

31 *Mulamadhyamakakarika*, 1:1.

32 *Root Verses on Indian Philosophies* [Versos fundamentais sobre filosofias indianas], capítulo 13:1. "Tanto através do sutra quanto do tantra, os obscurecimentos aflitivos podem cessar./ Embora o objeto supremo seja apresentado [nos sutras], o sujeito supremo permanece oculto;/ Embora a contaminação principal seja apresentada, o antídoto mais importante é mantido oculto;/ O obscurecimento mais sutil da sabedoria é purificado pelo tantra, não pelo sutra". O texto integral dos versos de Jamyang Shepa em tradução para o inglês pode ser encontrado em <http://www.tibetanclassics.org/Jinpa_Translation.html>.

33 "Oito tipos de pessoas" é uma referência ao verso anterior: as quatro que colhem os frutos e as quatro que entram no caminho. Os quatro frutos são os frutos daquele que entra no fluxo, daquele que retorna uma vez, daquele que não retorna e do *arhat*. Os quatro que entram no caminho são aqueles vão a ele para colher um desses frutos.

34 "Prasangika" refere-se a um subconjunto de intérpretes da filosofia da vacuidade de Nagarjuna, que inclui sobretudo os mestres indianos Buddhapalita (c. século V), Chandrakirti (século VII) e Shantideva (século VIII); esse último foi autor do famoso *Guide to the Bodhisattva's Way of Life* (*Bodhicaryavatara*). Para uma detalhada exposição pela Sua Santidade o Dalai Lama sobre o crucial capítulo 9 desse guia, que apresenta o ensinamento sobre a vacuidade, ver *Practicing Wisdom* [A prática da sabedoria] (Boston: Wisdom Publications, 2005).

35 Cânone Tohoku 156, sutras, vol. *pha*, p. 230b.

36 *Praise to Dependent Origination*, 19. O texto integral desse louvor, em tradução para o inglês, pode ser encontrado em: <http://www.tibetanclassics.org/Jinpa_Translation.html>.

37 O comentário de Sua Santidade sobre a *Mente em Sossego* de Longchenpa pode ser encontrado em *Mind in Comfort and Ease: The Vision of Enlightenment in the Great Perfection* [*Mente em conforto e sossego*: a visão da iluminação na grande perfeição] (São Paulo: Gaia, 2008).

38 *Chatuhshatakashastrakarika*, 8:15.

39 Uma tradução em inglês do *Lamrim Chenmo* foi publicada em três volumes como *The Great Treatise on the Stages of the Path to Enlightenment* (Ithaca, NY: Snow Lion, 2000-2004). E uma tradução da obra curta sobre o lamrim pode ser encontrada em: <http://www.tibetanclassics.org/Jinpa_Translation.html>. Para o comentário de Sua Santidade sobre o lamrim curto, baseado na *Essência do Ouro Purificado*, do terceiro Dalai Lama, ver *The Path to Enlightenment* [O caminho para a iluminação], de Sua Santidade o Dalai Lama, traduzido para o inglês e editado por Glenn Mullin (Ithaca, NY: Snow Lion, 1995).

40 *Mahayanasutralamkara*, 17:10. As dez qualidades listadas por Maitreya são: 1) disciplina, 2) serenidade, 3) pacificação total, 4) posse de mais qualidades em relação a outros estudantes, 5) energia, 6) farto conhecimento das escrituras, 7) preocupação amorosa, 8) conhecimento total da realidade, 9) habilidade em instruir discípulos e 10) abandono do desespero. Para uma explicação detalhada de cada uma dessas dez qualidades, ver *The Great Treatise on the Stages of the Path to Enlightenment*, de Tsongkhapa, v. 1, p. 70-75.

41 *The Great Treatise*, v. 1, p. 71.

42 Ibidem.

43 *Madhyamakavatara*, 6:37.

44 *Bodhicharyavatara*, 10:55.

45 Essa tradução foi feita especialmente para este livro. Uma tradução anterior dessa prece, realizada por Geshe Lhakdor Lobsang Jordan e editada por Jeremy Russell, foi publicada sob o título *Illuminating the Threefold Faith: An Invocation of the Seventeen Scholarly Adepts of Glorious Nalanda* pelo Instituto Central de Estudos Superiores Tibetanos de Sarnath em 2006. Trata-se de uma edição multilíngue da prece que inclui, além do original tibetano e do texto em inglês, traduções em sânscrito e híndi.

46 Literalmente, os "grandes aurigas" (*shing rta chen po*). É uma referência a Nagarjuna, fundador da escola do Caminho do Meio, e Asanga, fundador da escola Mente Apenas.

47 Os seis ornamentos são Aryadeva, Vasubandhu, Nagarjuna, Asanga, Dignaga e Dharmakirti. Os dois mestres supremos são Gunaprabha e Shakyaprabha.

Índice remissivo

A

Abhidharma 93, 94, 144
Abhidharmakosha. Ver *Tesouro do conhecimento superior*
Abhisamayalamkara. Ver *Ornament of Clear Realization*
abordagem científica 24
abordagem sistemática 116, 119. Ver também lamrim
absolutismo 19, 98
absorção meditativa 39, 53
aflições (klesha). Ver também apego; aversão; ignorância fundamental; ódio/raiva; orgulho
  atenção mental às 133
  destruição das 77, 88, 93, 112
  enquanto engajado na atividade espiritual 123
  e os doze elos 38, 51, 56
  marcas deixadas pelas 88
  permeação das 62
  visão Prasangika das 94
agregados (skandhas) 54, 57, 58, 59, 61, 76, 80
alayavijñana. Ver consciência fundamental
amor 14. Ver também bondade amorosa
análise 25, 32, 35, 64, 101, 131. Ver também quatro princípios de argumentação

analogia médica 28
anseio. Ver apego; doze elos
antídotos 87
  para a ignorância que se agarra ao eu 26, 62, 64, 92, 156
  para as aflições 87, 92
aparências 27, 35, 84, 88, 89, 98, 131
apego 38, 53, 56, 62, 70, 92, 94, 114, 118, 134. Ver também aflições; doze elos, 8) anseio
apropriação. Ver doze elos, 9) fixação
argumentação e entendimento 25, 45, 112, 118
arhat 78, 156
Aryadeva (c. séc. II) 60, 75, 114, 143, 157
Asanga (c. séc. IV) 89, 113, 144, 157
atenção mental 134
Atisha (982-1054) 114, 145
atman 80. Ver também ausência de eu/não eu
ausência de eu/não eu 76, 81. Ver também vacuidade; existência inerente
  das pessoas e dos fenômenos 69, 86
  percepção da 28, 61, 130. Ver também *insight*
  visão das escolas inferiores sobre a 68, 81
autozelo 70
aversão 38, 56, 62, 92, 94. Ver também ódio/raiva

| 159

B

base, caminho e resultado 31, 51
bem-aventurança e vacuidade, união
    de 87
Bengala Oriental 16
Bhavaviveka (c. 500-570) 83, 143
Bodhicaryavatara. Ver *Guide to the
    Bodhisattva's Way of Life*
bodhichitta. Ver mente do despertar
Bodhipathapradipa. Ver *Lâmpada para
    o caminho da iluminação*
bondade amorosa 25, 64, 93. Ver
    também amor
bondade definitiva 26, 30, 34, 35,
    52. Ver também iluminação;
    liberação
Buda 33, 37, 45, 60, 71, 81, 84, 95,
    130. Ver também corpos de
    um buda; Três Joias
  mantra do 118
Buddhadharma. Ver Dharma
Buddhapalita (c. 470-530) 83, 143, 156

C

caminho da visão 51, 77
caminho do bodhisattva 18, 87,
    127. Ver também Mahayana,
    tradição
Caminho do Meio
  aflições e o 94
  escola do 19, 31, 32, 41, 67, 83,
    144, 157
  incompreendido 90, 98, 101
  marcas cármicas e o 43
  visão do 33, 69, 97, 131
carma 34, 38, 39, 40, 53, 88, 115.
    Ver também causa e efeito;
    mérito; doze elos, 2) volição
aflições como causa do 77, 125

demeritório e meritório 39, 122
fruição do 57, 66, 77, 118, 123
intenção e 53, 63, 122
marcas do 43, 60, 65, 76
meditação sobre o 116, 123, 126
mundo material e 47
negação da lei do 39, 90, 105
planejado e executado 40, 41
projeção 154
puro 65
resoluto 41
três tipos de 39, 40, 66
catushkoti (quatro alternativas) 83
causa e efeito 27, 51, 83, 115.
    Ver também originação
    dependente; carma
cármico *versus* material 47, 51
doze elos e 37, 60
mudança e 51, 85, 106
negação de 90, 102. Ver também
    carma, negação da lei do
quatro verdades nobres e 31
causalidade. Ver causa e efeito;
    originação dependente; carma;
    doze elos
cessação 28, 30, 33, 49, 64, 77, 104,
    115. Ver também desintegração;
    quatro verdades nobres
dos doze elos 66
ceticismo 24
Chandrakirti (c. séc. VII) 42, 72, 80,
    83, 93, 131, 143, 156
Changkya Rinpoche (1717-1786) 19
Charvaka, escola 80
Chatuhshatakashastrakarika. Ver *Four
    Hundred Stanzas on the Middle
    Way*
China 14
Chittamatra. Ver Mente Apenas,
    escola

cinco agregados. Ver agregados
clara luz 88. Ver também
    luminosidade da mente
clarividência 46
Clear Words (Chandrakirti) 72, 155
cognição válida (pramana) 42, 100, 144
coisa operante 42
Commentary on "Valid Cognition" (Dharmakirti) 67, 77
compaixão 64
  cultivo da 15, 25, 128
  definição de 14
  grande 112, 128, 129
  poder da 17
  renascimento e 53
Compêndio sobre o Grande Veículo (Asanga) 89
concepção (biológica) 46, 54, 58
consciência
  causal e resultante 43
  continuidade da 47, 48, 65, 72, 87
  definição de 43
  elo da. Ver doze elos
  fundamental (alayavijñana) 41
  nível bruto de 43, 54, 87
  seis consciências sensoriais 56
  três níveis na ioga tântrica 54, 87
contato. Ver doze elos
contemplação 119, 132
contradições nas escrituras 45
convicção 25, 132. Ver também fé
corpos de um buda 35
corpo sutil 43
cosmologia 45
curiosidade 24

D

desafios modernos 10, 23

designação 34, 42, 73, 97, 99, 102. Ver também elaborações conceituais; linguagem
desintegração 43, 49, 74, 84, 101. Ver também cessação
dez desvirtudes 25
Dharma
  adaptado às aptidões dos ouvintes 31, 80, 84, 127
  executado através do corpo, da fala e da mente 123, 133
  motivação para professores e alunos 18. Ver também professor
  prática, metas da 35
  significado de 26, 103, 111, 123
  valor na morte 122, 133
dharmadhatu 87
dharmakaya 35. Ver também corpos de um buda
Dharmakirti (séc. VII) 67, 77, 144, 157
Dignaga (c. 480-540) 144, 157
dois mestres supremos 157
doze elos 66, 76, 153
  1) ignorância 37, 41, 60, 62, 68, 92, 125. Ver também ignorância fundamental
  2) volição 41, 53, 57, 61, 62, 65, 66, 122, 125. Ver também carma
  3) consciência 47, 54, 60, 62, 122, 123
  4) nome e forma 54, 60
  5) fontes 54
  6) contato 56
  7) sensação 56
  8) anseio 57, 117, 118
  9) fixação 57, 76, 118
  10) vir a ser 58, 62, 65, 125
  11) nascimento 58, 76, 118, 125. Ver também concepção (biológica)

12) envelhecimento e morte 58, 125
completando um ciclo dos 66
divididos em aflições, ações e sofrimento 38
divididos em causa impulsora e efeitos impulsionados 60
sequência dos 37, 62, 66
duas acumulações 35, 86
duas verdades 36, 88, 97, 100, 132
Dzokchen (Grande Perfeição) 87

E

educação 14
elaboração 78, 92, 155
  conceitual (prapañcha) 79, 83, 86
elementos terra, água, fogo, vento 72
ensinamentos provisórios 32
Entering the Middle Way (Chandrakirti) 80, 131
envelhecimento e morte. Ver doze elos
equanimidade 39
escrituras definitivas 32
essencialismo 83. Ver realismo
estado de buda. Ver iluminação
Estrofes fundamentais sobre o Caminho do Meio (Nagarjuna) 17, 115, 127, 153, 155
  13º capítulo 81, 156
  18º capítulo 86, 91
  24º capítulo 33, 78, 91, 107
  26º capítulo 38, 40, 59, 64, 92
  primeiro capítulo 83
ética 25, 121
eu. Ver pessoa; existência do eu
existência cíclica 31, 37, 39, 51, 59, 63, 70, 75, 88, 92, 112, 114, 118, 124. Ver também renascimento superior; carma; liberação; reinos inferiores; renúncia; samsara; sofrimento; doze elos
desmantelando as causas da 78
existência do eu/inerente/intrínseca/verdadeira. Ver também pessoa; realismo; ausência de eu/não eu; atman
  dos fenômenos 62, 69, 89, 126
  fixação 26, 27, 38, 40, 56, 61, 62, 75, 76, 79, 89, 94, 115, 126
  incompatível com originação dependente. Ver originação dependente, vacuidade e
  visão não budista da 71, 80
existência (elo da). Ver doze elos, 10) vir a ser
existência humana, reconhecendo o valor da 114, 115, 119, 122
experiência direta 25, 45, 64, 132
Exposition of the Essence of Dependent Origination (Nagarjuna) 37

F

faculdades sensoriais 56
fatos extremamente ocultos 45, 154
fé 23, 25, 112, 118. Ver também convicção
felicidade 13, 28, 40, 48, 50, 124, 133
fertilização *in vitro* 44
fixação. Ver existência inerente, fixação; doze elos
fixação no eu. Ver pessoa; existência inerente, fixação
fontes (ayatana). Ver doze elos, 5 fontes
forma e da não forma, reinos da 117. Ver também três reinos
Four Hundred Stanzas on the Middle Way (Aryadeva) 63, 75, 115

G

Gampopa (1079-1153) 113, 119
Garfield, Jay 153
Geluk, tradição 114, 154
gestação. Ver nascimento, gestação; concepção (biológica)
Grande Exposição, escola da. Ver Vaibhashika, escola
grandes aurigas 157. Ver também Asanga; Nagarjuna
guerra 15
Guide to the Bodhisattva's Way of Life (Shantideva) 132, 156
Gunaprabha (c. séc. V-VI) 145, 157
Gungthang Könchok Tenpai Drönmé (1762-1823) 52,154
guru. Ver professor

H

Haribhadra (c. 770-810) 145

I

ignorância. Ver também aflições; ignorância fundamental; doze elos
  conhecimento errôneo *versus* falta de conhecimento 92
  dois tipos de 39
ignorância fundamental. Ver também ignorância; existência inerente; fixação
  antídoto para a 64, 93
  causa de todo sofrimento 27, 40, 51, 60, 63, 92, 117, 124
  eliminando a 28, 30, 31, 64, 126
  maior inimiga 63
  primeiro dos doze elos. Ver doze elos

iluminação 26, 35, 86, 88, 105, 119, 128. Ver também bondade definitiva; liberação
  aspiração altruísta à. Ver mente do despertar
ilusões. Ver aflições; ignorância fundamental
impermanência 49, 84, 85, 115. Ver também mudança; morte
Índia 16, 19, 69, 71, 80, 147, 148
insight (vipashyana). Ver também antídotos; vacuidade; ausência de eu; sabedoria
  antídoto para a fixação no eu 26, 88
  cerne da jornada à iluminação 30
  sobre a natureza da mente 79
inteligência, quatro tipos de 24

J

Jambala 124
Jamyang Shepa (1648-1721) 87, 154, 156

K

Kagyü, tradição 113
Kamalashila (c. 740-795) 144
kayas. Ver corpos de um buda
Khunu Rinpoche (1894/95-1977) 79, 155
klesha. Ver aflições
Kyabje Ling Rinpoche (1903-1983) 46

L

Labrang, Mosteiro de. Ver Tashikhyil
lama. Ver professor
lamdré (caminho e fruição) 113

Lâmpada para o caminho da iluminação (Atisha) 113
lamrim (estágios do caminho) 114, 116
Lamrim Chenmo. Ver *The Great Treatise on the Stages of the Path to Enlightenment*
Lhakdor Lobsang Jordan, Geshe 157
liberação (nirvana). Ver também samsara, nirvana e
  aspiração pela. Ver renúncia
  atingindo a 26, 52, 77, 88, 112
  paz da 26
Ling Rinpoche. Ver Kyabje Ling Rinpoche (1903-1983)
linguagem 73, 82, 84, 95, 107
Linhas de experiência (Tsongkhapa) 115
Longchenpa (1308-1364) 113, 156
Louvor a dezessete mestres de Nalanda (Dalai Lama) 19, 25, 111, 148
Louvor à vastidão suprema (Nagarjuna) 87
luminosidade da mente 28, 44, 45, 79, 88

M

Madhyamaka, escola do. Ver Caminho do Meio, escola do
Madhyamaka Prasangika. Ver Caminho do Meio
Madhyamaka Svatantrika 43, 94. Ver também Caminho do Meio
Madhyamakavatara. Ver *Entering the Middle Way* (Chandrakirti)
Mahamudra (Grande Selo) 87
Mahayanasamgraha. Ver *Compêndio sobre o Grande Veículo* (Asanga)
Mahayanasutralamkara. Ver *Ornament of Mahayana Sutras*
Mahayana, tradição 18, 86, 120, 127
Maitreya 34, 53, 120, 144, 145
Mara 71
memória 107
mente. Ver mente do despertar; relacionamento corpo-mente; consciência; mente inata; luminosidade da mente
mente altruísta do despertar. Ver mente do despertar
Mente Apenas (Chittamatra) 19, 81, 89, 145
mente do despertar (bodhichitta)
  convencional 64
  gerando a 18, 86, 112, 117, 129
  motivação da 52, 60
mente inata 88
mente sem começo. Ver consciência, continuidade da
mérito 35, 39, 86
  poder do campo 64, 154
momento presente 73
monte Meru 45
morte 53, 123, 133
motivação 18, 121, 124, 133. Ver também carma, intenção e
mudança 51, 71, 107. Ver também causa e efeito, mudança e; impermanência
Mulamadhyamakakarika. Ver *Estrofes fundamentais sobre o Caminho do Meio*

N

nada. Ver niilismo
Nagarjuna (c. séc. II) 17, 38, 42, 81, 86, 87, 115, 143, 156, 157. Ver também *Estrofes*

fundamentais sobre o Caminho do Meio; Caminho do Meio; *Precious Garland, The*
  seis obras analíticas de 79, 155
Nalanda, Mosteiro de 19, 147
não budistas 19
não eu. Ver ausência de eu/não eu
nascimento. Ver também concepção (biológica)
  elo do. Ver doze elos
  gestação 55
  quatro motivações a impulsionar o 53
  quatro tipos de 58
natureza de buda (tathagatagarbha) 119
negação 84
negação não implicativa e o 83
niilismo 19, 39, 89, 95, 98
nirvana. Ver liberação; samsara, nirvana e
nome e forma. Ver doze elos
Nyingma, tradição 113, 121

O

objeto de negação 155
obscurecimentos sutis 88, 156
ódio/raiva 70, 93. Ver também aversão
ofertas, recusa de 122
oito extremos 78, 82
orgulho 92, 93, 134
originação dependente (pratitya samutpada) 34, 37, 58. Ver também causa e efeito, doze elos
  base para a identidade pessoal 72
  vacuidade e 63, 98, 107, 131
Ornament of Clear Realization (Maitreya) 34
Ornament of Mahayana Sutras (Maitreya) 53, 120, 157
Ornamento precioso da liberação (Gampopa) 113, 119

P

páli, idioma 19
percepções subsequentes 88
Perfeição da Sabedoria, sutras da 89, 143, 145
pessoa (ou "eu") 43, 54, 61, 62, 76, 126
Praise to Dependent Origination (Tsongkhapa) 97, 156
Pramanavarttika. Ver *Commentary on "Valid Cognition"*
Prasannapada. Ver *Clear Words*
Pratityasamutpadahridayakarika. Ver *Exposition of the Essence of Dependent Origination*
pratyekabuddhas 86
Precious Garland, The (Nagarjuna) 68, 72, 155
predisposições 23
professor (guru). Ver também Dharma, motivação para professor e aluno
  confiança no 116, 120
  qualificações do 121, 157

Q

quatro frutos 90, 105, 156
quatro pensamentos que voltam a mente para o Dharma 113
quatro princípios de argumentação 47
quatro verdades nobres 33, 119, 153
  doze elos e 38
  natureza, função e resultado das 31

níveis brutos e sutis das 33
vacuidade e 78, 88, 89, 91, 104, 107
Questions of the Naga King Anavatapta 95

R

raiva. Ver ódio/raiva
Ratnavali. Ver *Precious Garland, The*
realismo 98, 101, 107
recitação de mantra 63, 118, 123
reflexão. Ver contemplação
refúgio 18, 34, 115. Ver também Três Joias
reinos inferiores 39
relacionamento corpo-mente 45, 46, 54, 68
relacionamento mente-corpo. Ver relacionamento corpo-mente
renascimento. Ver nascimento; consciência; continuidade do; renascimento superior; reinos inferiores; vidas passadas
renascimento superior 34, 39, 40, 52, 63, 114, 115. Ver também três esferas
renúncia 52, 112, 114, 120, 127
rupakaya. Ver corpos de um buda

S

sabedoria 118. Ver também vacuidade, experiência direta da; *insight*
  acumulação de 35
  percepção da realidade 28, 79, 86
sabor único 85
Sakya Pandita (1182-1251) 114
Sakya, tradição 113
Samkhya, escola 80
samsara 30, 51, 117. Ver também existência cíclica; renúncia
  nirvana e 70, 130
Sangha. Ver Três Joias
sânscrito 19
Sarvastivada, escola 145
seis esferas dos sentidos. Ver doze elos, 5) fontes
seis ornamentos 157
seis perfeições 87
sensação (elo da). Ver doze elos
Serkong Rinpoche 79
Shakyamuni. Ver Buda
Shakyaprabha (c. séc. VIII) 145, 157
Shantarakshita (705-762) 144
Shantideva (c. séc. VIII) 132, 144, 156
shravakas 86
Sixty Stanzas of Reasoning (Nagarjuna) 81, 86, 155
skandhas. Ver agregados
sofrimento. Ver também quatro verdades nobres
  cessação do. Ver cessação
  ciclo do. Ver existência cíclica
  doze elos e 38, 58, 60, 65
  fugindo do 29, 40, 92
  meditação sobre o 126, 128
  nascimento, doença, envelhecimento e morte 125
  primeira verdade nobre 27, 103
  três tipos de 30, 59, 117, 126

T

tantra(s) 43, 54, 86, 120, 124, 156. Ver também Vajrayana
Tantra Guhyasamaja 87
Tashikhyil (Labrang), Mosteiro de 52, 154

tempo 48, 73
Tesouro do conhecimento superior (Vasubandhu) 45
The Great Treatise on the Stages of the Path to Enlightenment (Tsongkhapa) 63, 115, 120, 157
tirthikas 155
Tratado médio sobre os estágios do caminho (Tsongkhapa) 115
três aspectos principais do Caminho 51, 111, 132. Ver também mente do despertar; vacuidade; renúncia; *Três aspectos principais do Caminho*
Três aspectos principais do Caminho (Tsongkhapa) 17, 63, 111, 116, 132, 138
três esferas 116, 145
Três Joias 18, 36, 91, 104, 112, 115
três naturezas (escola Mente Apenas) 81
três reinos 39. Ver também forma e da não forma, reinos da
três tipos de ação 39, 57, 123
três treinamentos superiores 121, 145
Tselé Natsok Rangdröl (1608?) 121
Tsongkhapa (1357-1419) 17, 63, 94, 97, 115, 120, 157. Ver também *Três aspectos principais do Caminho*
Tushita, paraíso 53

V

vacuidade. Ver também originação dependente, vacuidade e; ausência de eu/não eu
da própria vacuidade 81
do eu e dos fenômenos 69, 81
entendimento anterior à renúncia e à bodhichitta 127
experiência da 131
experiência direta da 51, 64, 77, 88, 94, 155
meditação sobre 88, 107, 132
negação e 84
Vaibhashika, escola 41, 144
Vajrayana 19, 87, 120, 146. Ver também tantra
Vasubandhu (sécs. IV-V) 45, 144, 157
vegetarianismo 121
verdade absoluta. Ver vacuidade; ausência de eu; duas verdades
verdade convencional. Ver aparências; duas verdades
vidas passadas 47, 71. Ver também consciência, continuidade da
vikalpa (conceitualizações/projeções) 77, 84
Vimuktisena (séc. VI) 145
Vinaya 120
violência 16
vir a ser. Ver doze elos
visão materialista 80
visões corretas 35
visões extremas. Ver absolutismo; oito extremos; niilismo
volição. Ver doze elos

Y

Yuktishashtika. Ver *Sixty Stanzas of Reasoning*

Relação de obras de
Sua Santidade o Dalai Lama
pela Editora Gaia

A essência do sutra do coração

Dzogchen – A essência do coração
da Grande Perfeição

Mente em conforto e sossego

O caminho do meio

O caminho para a iluminação

Oceano de Sabedoria